La Tonnara di Pizzo Calabro

Rossella Esposito

Contenuti

Premessa

Con questo mio lavoro ho voluto dare un'identità al paese che mi ha cresciuta, Pizzo Calabro e di tutta la Calabria, e, raccontare, ovviamente, una storia o meglio tramandare una tradizione che non esiste più, ma che è stata fondamentale per il paese: la Tonnara, un metodo di pesca e di lavorazione del tonno assai praticato ed oggi in disuso, del quale, tuttavia, rimangono numerosissime testimonianze storiche in tutto il Mediterraneo.

Attraverso le testimonianze dei miei familiari, dei miei nonni e di altre persone anziane del paese di Pizzo Calabro, vissute in quegli anni (1930, circa).

Ho ricostruito musicalmente al pianoforte "Il Canto della Tonnara" (classificatosi in finale al Concorso Rizzini 2019 di Verona). Esso, veniva cantato dai tonnaroti durante la pesca del tonno.

All'interno del volume vengono illustrati scatti fotografici reali del paese che riassumono la popolazione di quel periodo, tutta quest'attività, queste conoscenze e saperi che ruotavano attorno alla pesca del tonno, eseguita in un periodo ristretto dell'anno, da maggio fino a Giugno, e, con una grande partecipazione di persone che avevano tante specializzazioni.

Con la chiusura della tonnara di Pizzo Marina (1963) è tramontato un mestiere, una fonte di ricchezza ma soprattutto una cultura che legava l'uomo alla natura e alla divinità, tra il magico e il religioso.

Oggi le spiagge di fronte alle quali venivano calate le tonnare sono divenute luoghi per alberghi o ristoranti carichi della tradizione della mattanza davanti al mare trasparente e misterioso.

CAPITOLO 1

LE TONNARE

1.1 Cenni storici

La pesca ed il consumo del tonno come alimento hanno origini antichissime ed hanno avuto nella storia e nella cultura del bacino del mediterraneo un'importanza rilevante.

Le popolazioni che si stabilirono lungo i litorali, si rivolsero al mare per trarre il loro sostentamento, per cui hanno, di volta in volta, migliorato e affinato le tecniche di pesca fino a farne una tra le attività primaria dell'economia marinara.

Testimonianze archeologiche attestano che fin dalla preistoria era praticata la pesca del tonno dalle varie popolazioni rivierasche, infatti, nelle Egadi in Sicilia, sono stati riportati alla luce dei graffiti, pitture in nero sulla roccia risalenti al periodo neolitico (prima età del rame tra il 3.000 e il 2.000 a.C.), raffigurazioni del tonno.[1] L'uomo primitivo con i suoi graffiti e le sue pitture riproduceva tutto ciò che faceva nella vita quotidiana e, quindi, anche immagini di caccia e pesca: raffigurando la realtà, la controllava in qualche misura, rappresentando il mondo che

---

[1] V.P. Li Vigni e S. Tusa, *Il lavoro del mare lo Stabilimento Florio di Favignana*, Trapani, Regione Siciliana, 2003, p. 61.

lo circondava, si poneva al di fuori di esso e, sia pure simbolicamente, attraverso le immagini, interveniva sul mondo esterno per modificarlo.

Prove nella pesca del tonno sono state ritrovate anche nella grotta dell'Uzzo presso San Vito lo Capo, in provincia di Trapani, dove studi sulle stratificazioni di origine antropica hanno portato alla luce resti di *thunnus thynnus* (tonno rosso o bluefin), il più grande pesce pelagico del Mediterraneo. Immagini di tonni catturati con l'impiego di rudimentali bastoni appuntiti o con grossi ami di rame, sono stati rinvenuti a Creta e risalgono al 2000 a.C. e altre relative a bastoni di osso, datati intorno al 1500 a.C., sono stati rinvenuti a Messina.[2] Nelle città greche e della Magna Grecia la pesca del tonno è testimoniata dal rinvenimento di ami di bronzo e di altri attrezzi che servivano per la riparazione delle reti.[3]

Secondo Basile, già nell'età del bronzo gli uomini pescavano tonni innescando corna di cervo con calamari e li trascinavano a riva con

---

[2] S. Sorbello, *La pesca del tonno nel capolinea del sud, le tonnare di Vendicari, Marzamemi e Capo Passero*, Siracusa, Emanuele Romeo, 2010.
[3] http://www.academia.edu/18753417/Alimentazione_e_gastronomia_nell_antica_Grecia_tanto_pesce_poca_carne.

rozze corde vegetali[4]. Sembra che i primi ad utilizzare in mare complessi metodi di pesca di gruppo siano stati i Fenici. Insediandosi inizialmente su una zona costiera in quello che è circa l'attuale Libano, raffinarono le tecniche di pesca, grazie all'utilizzo dell'ottimo legname presente nelle foreste di cedro dei monti vicini, per la costruzione di imbarcazioni via via sempre più complesse. Sicuramente i Fenici già conoscevano il tonno e se ne cibavano da tempo, ma solo intorno al XV secolo a.C., cominciarono a padroneggiare le competenze e le tecnologie

---

[4]G. Basile, *Tonnare Indietro nel tempo*, Palermo, Flaccovio Dario, 2012, p.16.

per praticare una pesca complessa con l'utilizzo, in alcuni casi, di reti mobili mosse da più imbarcazioni (forse mutuate dalla pesca fluviale egiziana) ed in altri di reti fisse, quelle, cioè, che potrebbero essere definite le prime tonnare.

 Vi sono prove di insediamenti Fenici in Egitto, Libia, Tunisia, Algeria e Marocco e lungo tutte le coste meridionali del Mediterraneo; per ciò che concerne le coste settentrionali i Fenici si insediarono in Turchia, Grecia, Italia, Francia e Spagna e ancora, oltre lo stretto di Gibilterra, lungo la costa europea, in Portogallo, per poi spingersi, pur se con una presenza meno frequente, fino a Francia e Regno Unito.[5] Molti degli insediamenti fenici possedevano torri costantemente presidiate ed adibite all'avvistamento dei banchi di tonni (*thynnoskopeion*).

In un dramma di Eschilo, riportando la notizia della sconfitta dei Persiani nella strage di Salamina, un messaggero racconta che i nemici erano stati infilzati e uccisi a colpi di remi dai greci, come i tonni e paragona il massacro alla mattanza[6]. E Aristotele nel *De mirabilibus auscultationibus* scrive: «Dicono che i Fenici, che abitavano la città chiamata Gades, navigando al di là delle Colonne d'Ercole per quattro giorni con vento di levante, giunsero in alcuni luoghi disabitati, pieni di alghe e di giunchi, che in caso di bassa marea non sono sommersi, ma in caso di alta marea sono coperti dall'acqua; fra questi si trova una quantità di tonni smisurata, eccezionali per grandezza e per stazza, quando sono tratti in secco. Messi sotto sale e raccolti in recipienti vengono portati a Cartagine. Di

---

questi soltanto i Cartaginesi non praticano l'esportazione, ma li consumano personalmente per la loro bontà come alimento»[7]. Strabone ci informa che i Fenici arrivarono fino alle colonne d'Ercole per intercettare i banchi dei tonni e che a Cadice avevano creato un centro per la lavorazione della carne del tonno.

Sappiamo attraverso le prove archeologiche giunte fino a noi, che in tutte queste località appena citate dai vari studiosi, è esistita, ed in alcuni casi esiste tuttora, un'antica tradizione

---

[7]Aristotele, *De mirabilibus auscultationibus*, Pordenone-Padova, Edizioni Studio Tesi, 1997, p.69.

di pesca e lavorazione del tonno. A partire

dagli scritti di Strabone, è possibile sostenere

che i Fenici percorressero a ritroso le rotte dei

tonni e sulla base di quanto scritto da

Aristotele è possibile supporre che un grande

contributo al carattere temerario ed

esploratore di questo popolo fosse dato dalla

presenza dei banchi di tonni. Questa ormai

consolidata fonte di cibo, infatti, doveva

essere confortante per i marinai che,

altrimenti, avrebbero rischiato di trovarsi in

alto mare sprovvisti di sostentamento.

Cadice, situata poco al di là delle Colonne

d'Ercole, era un'importante colonia fenicia fin

dal IX/VIII secolo a. C. nota per la sua vocazione alla pesca. Sono state rinvenute monete fenicie raffiguranti il tonno a Cala Saboni in Sardegna provenienti dalla zecca di Cadice. Secondo Torre, la pesca del tonni, a cominciare dagli Egizi e dai Fenici, che effigiarono il tonno, simbolo di prosperità sulle monete di alcune loro città, rappresentò per secoli una redditizia attività[8]. Si può dedurre che per i Fenici questa attività era tutt'altro che marginale o collaterale ad altre forme di commercio, almeno durante le prime fasi di espansione. Risulta quindi

---

[8]S. Torre. *Le magie del tonno, la lunga avventura del pesce che dal mare finì sott'olio*, Venezia, Marsilio, 1999, p. 13.

comprensibile che gli stessi effigiassero questo pesce sulle monete quale segno di una memoria non sbiadita di quanto il tonno fosse stato il fondamento di benessere.

I Fenici, probabilmente insegnarono le tecniche di pesca ai greci e agli arabi che perfezionarono la filiera del tonno: dalla pesca alla sua lavorazione, conservazione e commercializzazione. Gli arabi edificarono tonnare lungo le coste e da loro deriva l'etimologia di tutte le parole e i canti scanditi durante la cattura dei tonni e la loro successiva lavorazione. È possibile, però, supporre, alla luce del fatto che queste grandi civiltà si sono accavallate in termini temporali per svariati secoli, che l'interscambio culturale e tecnologico tra esse sia avvenuto in più riprese ed in più direzioni. Tutto ciò concorre a sostenere una probabile e reciproca contaminazione culturale ma è accertato che a raccogliere l'eredità fenicia e portarla ai giorni nostri, siano stati soprattutto i Romani presso i quali sembra che il pesce godesse di un notevole prestigio. Menzione particolare in tal senso merita Bisanzio, la cui fama era dovuta all'abbondanza di tonni nel suo mare, tanto da meritarsi l'appellativo di «Metropoli dei tonni», citata da Strabone e Archestrato da

Gela, in relazione alla ricchezza e qualità del suo pescato, vi venne coniata una moneta in bronzo (al tempo dell'Impero romano in Byzantion, attuale Istanbul) rappresentante il tonno ed il busto dell'imperatrice Faustina II, accompagnato dal suo nome ed appellativi (147-151 d.C.)[9].

Ricordiamo, inoltre, le monete di Cizico (antica città sulla costa meridionale della Propontide), coniate dalla fine del VII secolo a. C., su cui troviamo il tonno, l'emblema della città, dapprima come segno dominante,

---

[9]G. Mastromarco, *La pesca del tonno nella Grecia antica: dalla realtà quotidiana alla metafora poetica, in principio era il mare Economia, cultura, tradizioni*, Padova, O. Longo e G.B. Lanfranchi, 2003, p.117-123.

poi come elemento secondario a fianco della rappresentazione principale.[10]

1.2 Il tonno

Con il termine "tonno" si indicano pesci che per le loro caratteristiche anatomiche appartengono alla grande famiglia degli Scombridi. Sono veloci, imponenti, resistenti, scattanti, infaticabili nuotatori, in grado di coprire grandi distanze, di guadagnare la superficie come di penetrare le più profonde oscurità degli abissi.

---

[10]http://www.treccani.it/enciclopedia/cizico_(Enciclopedia-Italiana).

Nel nostro emisfero vive il *thunnus thynnus*, il tonno rosso o pinna azzurra, pesce di grossa stazza: il corpo è coperto di piccole squame ed è di colore blu scuro metallico, mentre sui fianchi e sul ventre è biancastro. Si distingue a sua volta in due sottospecie: il *thunnus thynnus thynnus*, diffuso nell'Atlantico settentrionale, nel Mediterraneo e nel Mar Nero e il *thunnus thynnus orientalis*, che si trova nel Pacifico settentrionale. Questi tonni sono erratici quasi tutto l'anno: in primavera si dirigono verso le zone dove depongono le uova, quindi, a piccoli gruppi, ritornano verso le località da cui erano partiti. Da questi due movimenti migratori deriva la distinzione tra «tonno di andata o di corsa» e «tonno di ritorno» (che ha deposto le uova). C'è da ricordare che esiste un'altra specie di tonno rosso, il *thunnus maccoyii*, tonno rosso diffuso nell'emisfero australe. Nei nostri mari viene pescato anche il *thunnus alalunga* detto anche tonno bianco, che ha un peso inferiore a quello del tonno rosso (varia tra i 15 ed i 20 kg) e le sue carni hanno un sapore eccellente.

I tonni sono organismi eterotermi locali, cioè capaci di mantenere in certe zone del corpo una temperatura sensibilmente più alta di quella del mezzo esterno, anche di 8°C., grazie alla presenza di una particolare rete di vasi sanguigni. Questo sistema di capitalizzazione del calore metabolico, oltre a favorire il rendimento muscolare, favorisce, una migliore capacità natatoria (il tonno rosso, infatti, riesce a percorrere anche cento miglia marine in un giorno, con una velocità di ottanta chilometri/ora) ed un ottimo rendimento dell'apparato digerente, per un potenziamento dell'attività enzimatica, che permette ai tonni di assimilare una razione giornaliera tre volte superiore a quella normalmente fornita ai pesci ectotermi. Il tasso di accrescimento così rapido che caratterizza i tonni è una diretta conseguenza di questo fenomeno e si traduce in un veloce accumulo di riserve lipidiche, che permette loro di affrontare i cambiamenti nella temperatura esterna e di regolare la temperatura interna in relazione ai bisogni fisiologici.

Il tonno può vivere più di venti anni, ma raggiunge la prima maturità sessuale solo tra la fine del terzo ed il quarto anno di vita, ad una lunghezza di 90-95 cm (12-15 kg di peso). Tali caratteristiche biologiche della specie sono alla base delle normative rigorose che ne disciplinano le catture. Nel Mediterraneo la riproduzione avviene nel periodo primaverile e nel giro di pochi mesi i piccoli tonni passano da pochi millimetri a circa 45 centimetri. Per riprodursi, il tonno ha necessità abbastanza specifiche: lo strato superficiale del mare deve avere una temperatura minima superiore ai 21°C, con una certa stabilità di questo strato caldo nel tempo, con un termoclino ben definito, che abbia un gradiente termico negativo di circa 3°C, posto ad una profondità sufficiente per consentire il transito di un branco di tonni, cioè ad almeno 12-15 m. Qualora queste condizioni si verificassero durante il periodo riproduttivo della specie (solitamente da metà maggio alla prima settimana di luglio), allora il tonno non ha problemi a riprodursi lungo i suoi spostamenti, purché il suo ciclo biologico abbia portato a sufficiente maturità le gonadi. Tale fatto, quindi, comporta che si possano incontrare tonni in riproduzione un po' ovunque nell'intero Mediterraneo, mentre tempi e luoghi sono condizionati da una varietà di fattori.[11]

Interessante è la descrizione del tonno di Bertolotti del 1838: «La figura del tonno tondeggia in tutta la sua lunghezza : ma la

---

[11]S. Sorbello, *op. cit.*, p. 18.

coda si fa sottilissima, termina in un'ampia pinna semilunare. Due pinne s'alzano sulla schiena, delle quali la prima è lunghissima, guernita di quattordici fortissime spine, e si estende infino a toccare la seconda, la quale poco si allarga: d'una pinna è corredato l'ano: due sono appiccate ai lati, e precisamente sodo esse, due altre pinne vi sono all'addome. Oltre a queste pinne di essenza, due filari di pinnette gialle, da Linneo chiamate pinne spurie, guerniscono la coda, l'uno sopra e l'altro sotto[…].[12] Nondimeno di squame e di squame ben grandi è fornito il tonno: ma sono

[12]D. Bertolotti, *L'Italia descritta e dipinta*, Torino, Giuseppe Pomba e C. 1838, p.134.

esse si strette al cuoio che quasi non appaiono, e ciò diede per avventura occasione di chiamare il pesce liscio. Di spessi, sottili e acuti denti sono fornite ambedue le mascelle del tonno , ma sono denticelli da pescetto, e niente proporzionati alla mole del resto. L'iride dell'occhio è argentina: il colore del corpo sopra il dorso è livido, ossia piombino cupo che par nero, poi si rischiara tino a diventare tutto bianco nel ventre. Non è credibile quanta varietà di carni si trovi in questo pesce : quasi ad ogni diverso luogo, ad ogni diversa profondità , a cui il coltello la tenti, si trova diversa; soda in un luogo, morbida in altro, qua sembra carne di vitello, là imita il porco. Cento svariate parti se ne fanno quindi e si condiscono separatamente, e v'è un numero di vocaboli per tutte esse da opprimerne la memoria. La più apprezzata parte fra tutte nondimeno si è quella medesima la quale , al tempo che le Divinità mangiavano, fu giudicata degna di essere messa innanzi al padre di tutti gli dei, cioè la pancia, che in termine tonnaresco si deve dire *"sorra"*. Questa è realmente una preziosa parte, dotata di morbidezza, di sugosità, di sapore, di sostanza, e meritamente per essa , fresca o salata che si spacci, si esige il doppio del prezzo che si paga per *"la netta"*, altro termine tonnaresco con cui si significa la carne di seconda qualità del tonno».[13]

Aristotele scriveva che i tonni entravano a primavera nel Mediterraneo attraverso lo stretto di Gibilterra e, tenendo alla destra la costa, seguivano fino al Mar Nero per ivi riprodursi e tornavano quindi ad uscire nell'Atlantico dopo aver compiuto l'intero periplo del Mediterraneo.[14] La sua ipotesi venne poi ripresa da tanti autori dell'antichità e del Medioevo, fino a tempi relativamente

---

[13] *Idem*, p.135.

[14] L'Historia animalium contiene la descrizione di 581 specie diverse, osservate per lo più durante la permanenza di Aristotele in Asia Minore e a Lesbo.

recenti.[15] Francesco D'Amico e Davide Bertolotti annotano sui tonni che arrivavano in Sicilia: «I primi tonni, che compariscono in Sicilia, sono nelle spiagge della Calabria, e tonnare del Pizzo, ed altre di quella riviera. Fanno prima il corso per Levante, radono suddette spiagge di Calabria, e poi fanno il loro cammino sboccando il Faro dì Messina, ed il Capo di Rasicolmo, e si vedono nel golfo di Milazzo, Olivieri, Patti, S. Giorgio, e la prima pesca in Sicilia si suole fare nelle due tonnare del Portò, da quella chiamata tonnara grande di Milazzo, e da quella del Silipo, oggi

---

[15]http://www.treccani.it/enciclopedia/tonno_(Enciclopedia_Itali ana).

chiamata di Vaccarella, che sono le prime, che si gettano a mare nel mese di Aprile, venti giorni prima delle altre tonnare dell' Isola, e che spesso fanno la prima pesca di Alelonghe; pesci , che si vedono li primi nei vasti mari. Nei primi giorni della pesca si vedono i tonni a piccole partite, che di mano in mano si aumentano, ed il centro del corso dai periti viene creduto negli ultimi di Maggio, e primi di Giugno. Infatti vi è un adagio Siciliano per rapporto alle tonnare, adagio fondato sulla esperienza = A S. Filippo Neri tenete le levi = vale a dire, che nel giorno 26 Maggio li Rais, e Marinari delle tonnare devono essere pronti con le levi alla mano, e si vuole il regolato corso dall' 8 Maggio sino all' 8 Giugno, dicendosi da tutti, otto, diciotto, ventotto, otto giornate sperimentate di molta pesca nelle tonnare di corso, e i primi tonni sogliono essere di quelli di tre e quattro a quintale stazionati nei golfi di Sicilia, e si appellano Golfitani».[16] [...] «Verso la fin d'aprile apparisce il tonno repentinamente nel Mediterraneo in grandissima quantità dopo una quasi totale negazione preceduta per lo

---

[16]F. C. D'Amico, *Osservazioni pratiche intorno la pesca, corso e cammino de'tonni*, Messina, Società tipografica, 1816, p. 59.

spazio di otto interi mesi».[17] «Vero è pertanto che il tonno, raffreddandosi la region superiore dell'acqua, va a trovare la tepidità nel fondo, e vi dura affinché la region superiore non si rattempri da capo: emergono adunque i tonni in primavera, e ne emergeranno pure nel Mediterraneo, ma quei che formano la abbondanza, o come dicono i pescatori, la manna del Mediterraneo, emergono altrove, nell' Oceano, e sono avveniticci nel Mediterraneo, e nel Mediterraneo medesimo sono viaggiatori. Il tonno adunque, di cui il Mediterraneo si empie

---

[17] D. Bertolotti, *L'Italia descritta e dipinta*, Torino, Giuseppe Pomba e C., 1838. p.135.

alla fin d' aprile, fa tonno in corsa, e la corsa incomincia infin da oltre allo stretto d' Èrcole».[18]

Il capo ràis della tonnara di Marzameni Armando Calaciura, così descriveva il lungo viaggio dei tonni: «I tonni sono dei pesci strani, tanto stupidi quanto intelligenti e sensibili. Essi arrivano dall'oceano e vanno nel mare Tirreno dove passano la stagione dell'amore e si moltiplicano; appena arriva la primavera, cominciano a scendere verso il mare d'Africa, sono tanto sfibrati di amore che vanno ciecamente sempre appresso ai

---

[18]*Idem,* p.136.

primi. Davanti a tutti i tonni più grossi, i vecchi che sanno scegliere sempre la via più breve. Così passano lo stretto di Messina e puntano verso il basso. Migliaia, decine di migliaia di tonni così, per sei mesi l'anno. Passavano a cento metri da quello scoglio per doppiare capo Passero e perdersi nel mare aperto».[19]

Infine, diverse sono le cagioni alle quali si è attribuita da diversi la venuta del tonno nel Mediterraneo. Paolo Giovio l'attribuisce al timore di maniera che la venuta del tonno nel Mediterraneo è una fuga, e il Mediterraneo è

---

[19]G. Fava, *I siciliani*, Bologna, Cappelli, 1980.

al tonno un asilo contro un fiero nemico il quale lo incalza. Il fiero nemico è lo Spada, da cui, racconta Giovio, «si dà una sì crudel caccia a' tonni là nell'Oceano atlantico, che i greggi de' tonni senza consiglio con folla e tumulto si salvano nel Mediterraneo. Ad una cagion simile attribuiscono i Francesi l'arrivo de' merlani alle loro coste, attribuendolo alla fuga dalla persecuzione de' naselli nel mare settentrionale».[20] Davide Bertolotti per alcuni versi appoggia lo stesso pensiero di Giovio ritenendo che la causa fosse da ricercare nella decadenza delle tonnare spagnole e portoghesi

---

[20] *Ivi*, p.136.

o che il tonno, avendo paura del pesce spada, scappasse giungendo così nel nostro mare Mediterraneo dimostrando così che la corsa viene dall'Oceano per lo stretto e segue la direzione da Ponente a Levante.[21] Altri invece, come già visto nelle letture precedenti, dicono che la causa fosse per il periodo degli amori, per la riproduzione e quindi per depositare le uova.

---

[21]D. Bertolotti, *op. cit.*, p.135.

1.3 Le tonnare in Italia

Quando si parla di tonno viene subito in mente la tonnara, un metodo di pesca e di lavorazione assai praticato ed oggi in disuso, del quale, tuttavia, rimangono numerosissime testimonianze storiche in tutto il Mediterraneo, a cominciare dalla Sicilia e isole vicine.[22]

In Liguria le prime frammentarie notizie si hanno dagli antichi registri delle

---

[22]Bruno Centola è architetto, vive e lavora a Salerno. Si occupa prevalentemente di progettazione, restauro architettonico e di riqualificazione ambientale. Ha svolto ricerche e studi nel settore della pesca in Italia e all'estero. E' autore del più completo volume sulle tonnare italiane continentali, da cui questa sintesi è tratta: *Le Città del Mare* (Avagliano Editore, Cava dei Tirreni, 1999).

Condemnationes Conservatorum e risalgono al 1383. Le tonnare liguri furono tra le prime ad essere abbandonate in Italia, a causa soprattutto dell'insediamento di complessi industriali sui litorali. Gli imprenditori liguri preferirono trasferire la loro attività sulle pescose coste della Sardegna occidentale, in Sicilia, ed in altre lontane località di Spagna e della costa africana. Il successivo sviluppo turistico-balneare delle coste completò il processo dell'abbandono dell' utilizzazione della risorsa alieutica, che, nel frattempo, era sempre più rarefatta a causa dell'inquinamento delle acque.

Da nord a sud, gli impianti di cui si ha notizia certa alla fine del secolo XIX sono essenzialmente i seguenti: *tonnara di S. Remo, tonnara di S. Quinto, tonnara di Arenzano, tonnara di Camogli*, (chiamata anche tonnara di S. Nicolò o di Capodimonte o di punta Chiappa): è l'unica tonnara dell'Italia continentale oggi attiva, sia pure in forma ridotta. Ha antiche origini, i documenti d'archivio indicano la fine del secolo XIX. Camogli è stata una attivissima città di mare, "la città dei mille bianchi velieri". Giulio Drago riferisce che alla metà del secolo XIX la tonnara di Camogli vide «le sue camere occupate da migliaia di piccolissimi tonni dei quali in mancanza dell'occorrente per utilizzarli, l'appaltatore si dovette contentare di prendere una quantità piuttosto vistosa, augurando al maggior numero buon viaggio e felice ritorno».

Nelle tonnare delle cinque terre, si è conservato sufficientemente intatto l'ambiente naturale: è uno dei pochi comprensori costieri italiani, infatti, non sconvolti da strade e autostrade. Le popolazioni rivierasche si dividevano fra la pesca e la cura della terra, producendo già da tempi antichi vini famosi. Le tonnare di cui si ha notizia sono essenzialmente le seguenti:

tonnara di Monterosso (o di Melara o Fegìna), una tonnarella all'italiana, ubicata al riparo della punta del Mesco della quale hanno notizie di pesca del tonno fin dal 1531: il borgo marinaro era, infatti, quasi interamente dedicato a questo tipo di attività); *tonnara di Vernazza*, (le cui notizie sono note sin dal 1635); *tonnara di La Spezia.*

In Toscana le tonnare erano prevalentemente concentrate nella zona dell'Elba e nella vicina Baratti, in terraferma. L'altro importante polo di pesca era l'Argentario, sui due versanti, con le isole vicine. La presenza dei tonni è qui accertata fin dall'antichità. Strabone rilevò l'esistenza, sulle coste dell'Etruria, nel golfo di Populonia (l'odierna Baratti) posti di avvistamento di tonni in prossimità delle zone di pesca. Da ricordare, inoltre, la famosa "tagliata etrusca" ad Ansedonia. Cuvier e Valenciennes confermavano la presenza di tonnare nel canale di Piombino e a Portoferraio.

L'isola d'Elba è la terza in Italia per estensione e rappresenta la naturale prosecuzione geografica del monte di Piombino, da cui è divisa dal canale omonimo. Le tonnare più pescose si trovavano sulla costa settentrionale dell'isola: *tonnara di Portoferraio,* (si ha notizia di impianti di pesca all'epoca di Cosimo de' Medici, con una tonnara che si calava «nel piccolo seno di Bagnara, a circa 500 metri dalla punta delle Grotte». Le tonnare di Portoferraio sono state attive fino all'incremento del traffico marittimo del secolo XIX, con il passaggio dei postali di Livorno e Piombino; *tonnara dell'Enfola*: era la più pescosa dell'isola, attiva fino agli anni 70 del '900. Tuttora sono presenti le costruzioni a terra, con gli edifici di ricovero barche e per la lavorazione del tonno.

Il pedale era posizionato a breve distanza dall'istmo, piccola striscia di sabbia che divide il capo d'Enfola; *tonnara di Capo Bianco*: veniva calata dai pescatori di Trapani, chiamati per la loro abilità già nei primi del secolo XVII. Era ubicata a circa un miglio ad ovest di capo d'Enfola; *tonnara di Bagnaia*: si ha notizia dell'istituzione degli impianti da parte del Principe di Piombino, nel secolo VII. Nella stessa area di Procchio sorgeva l'antica Cervina, importante centro di lavorazione del ferro e del rame. Nei suoi fondali è stata rinvenuta una nave romana con l'intero carico di anfore cariche di olio e vino; *tonnara di*

Bagno Marciana: era l'impianto più occidentale del litorale nord dell'isola, calata nella località denominata Bagno, talvolta nella località Procchio. Oggi queste località sono rinomate spiagge turistiche. *Tonnara di Baratti,* sulla terraferma, a poche miglia ad est della tonnara di Porto Ferraio, era calata in prossimità del porto dell'antica Populonia. Strabone qui individuò le famose *specole* o *tinnoscopi,* posti di avvistamento dei tonni posti sul litorale). La tonnara era ubicata, alla fine del secolo XVIII, nella zona denominata "punta della rete"[23]; *tonnare di S. Stefano e*

---

[23]G. Santi, *Viaggio al Montamiata*, Pisa, Ranieri Prosperi, 1795.

dell'Argentario, chiamata da Strabone *portus ad cetariae,* il sito corrispondente all'attuale Porto di Santo Stefano. Le cetariae erano ubicate nella zona del Valle, a pochi metri dalla battigia. Tracce di *opus reticulatum* sono oggi sommerse dalle case del turismo balneare, ma antiche planimetrie diligentemente redatte riportano con chiarezza gli edifici di epoca romana. La tonnara di Santo Stefano veniva calata alla punta di S. Croce e viene riportata sulle antiche carte nautiche. La tonnara è stata in funzione certamente fino alla prima metà del '900. Si ha notizia delle seguenti altre tonnare o tonnarelle[24]: tonnara del Calvello; tonnara al Pozzarello; tonnara di Punta Nera; tonnara di Cala Galera.

Inoltre si ha notizia delle tonnare dell'arcipelago toscano: *tonnara del Giglio; tonnara di Giannutri.* Sulle coste a sud della Toscana non risulta che si calassero tonnare, per oltre 180 miglia, fino all'importante gruppo di tonnare nel napoletano. Forse a Gaeta ve ne era una antichissima, ma non sono stati, per ora, ritrovati documenti di

---

[24]G. Drago, *Delle tonnare della Liguria, di Toscana della Sardegna e della Sicilia. Della pesca, preparazione e commercio del tonno*, Firenze, Annali del Ministero dell'Agricoltura, 1905.

archivio.

Sempre in Campania, fra le più antiche tonnare si ricorda quella di Napoli, che si calava a Castel dell'Ovo in età angioina. Sul litorale napoletano almeno una tonnara era attiva nell'età classica: ne scrisse Strabone *«infra urbam Hercules specula ad captandisthynnos»*. L'impianto veniva calato in prossimità del Granatello, nel luogo dove nel 1773 fu costruito il porto per le galeotte borboniche. Il golfo di Napoli e le isole si trovano ai bordi delle grandi fosse del Tirreno, sulla rotta che i branchi dei grandi pelagici percorrevano provenienti dal centro di riproduzione del Basso Tirreno. Un nutrito sistema di tonnare erano in attesa delle prede, a partire dalla primavera: *tonnara di Castel dell'Ovo; tonnara del Granatello; tonnara di Sorrento*, (chiamata anche Diomella, era una "tonnarella di costa" e veniva calata in prossimità della Marina Grande. Anche di questa si hanno notizie certe dai primi del secolo XIV); *tonnara di Castellammare di Stabia,* (molto antica, era attiva certamente all'epoca di Carlo III); *tonnara dello Scraio*; *tonnara di S. Martino; tonnare flegree: Bacoli e Capo Miseno; tonnara di Ciraccio a Procida,* (era ubicata a ponente-maestro dell'isola di Procida nella zona di Ciraccio, fra Capo Bove e l'isoletta di Vivara, oggi collegata all'isola). La lunghezza della coda era di circa un miglio e l'isola era lunga circa seicento metri. La presenza degli antichi coloni micenei ha avviato uno stimolante raffronto fra i risultati degli scavi in corso e i sistemi di pesca del tonno esercitati lungo le coste del mar Egeo).

Ad Ischia sono state attive le seguenti tonnare: tonnara di Forio (Citara); tonnara di Punta S. Pietro; tonnara di Lacco Ameno.

Lungo la zona della costiera amalfitana, le più

antiche tonnare riguardano il piccolo borgo marino di Cetara, a pochi chilometri da Vietri. Il toponimo indica, come è noto, le antiche *cetariae,* le vasche in muratura dove si effettuava la salagione dei grandi pesci. Qui veniva prodotto il famoso *garum*, la pregiata salsa di cui i Romani erano ghiotti, che oggi si produce ancora a Cetara e viene chiamata *colatura,* essenzialmente prodotta dalle acciughe.

Lungo la costa d'Amalfi, da Vietri a punta della Campanella, un vero sistema di tonnare è stato attivo fino alla metà del '900, con impianti costituiti essenzialmente da "tonnarelle", ovvero "monta e leva", di derivazione araba. Il lungo e proficuo rapporto fra Amalfi ed il mondo arabo è senza dubbio alla base della tradizione di pesca in questo territorio.

Si elencano di seguito le tonnare da est a ovest: tonnara di Cetara o di Erchie, in comune di Maiori; tonnara di Amalfi o di S. Croce o di Vettica Minore; tonnara di Conca dei Marini; tonnara della Praia, o di Praiano; tonnara di S. Elia, o dei Galli, in comune di Piano di Sorrento; tonnara delle Mortelle, alla Marina del Cantone, a Nerano, in comune di Massa Lubrense.

Nell'area del Cilento ricordiamo la *tonnara di Agropoli o del Sauco*, nel comune omonimo, già di proprietà dei marchesi Granito di Belmonte, che ancor oggi conservano proprietà lungo il litorale. Aveva un'estensione di oltre due miglia; la *tonnara di Licosa o di Castellabate,* dello stesso proprietario che nei pressi dell'ex feudo del Castello dell'Abate di Cava dei Tirreni, esercitò gli antichi diritti di pesca con costruzioni a terra nei pressi dell'isola; la *tonnara di Palinuro o di Pisciotta,* nell'attuale comune di Centola, di cui Strabone fornisce notizie sulla cattura dei tonni, lavorati nella vicina Castellabate. Fu proprietà dei principi d'Angri, subentrati ai principi Doria si calava nella zona del porto, dove, ancor oggi, sono presenti alcune costruzioni a terra.

La *tonnara degli* Infreschi, calata nel tratto di costa ancor oggi intatto, nella zona della bellissima baia degli Infreschi, fra Marina di Camerota e Scario, a nord del golfo di Policastro. La base operativa della tonnara era la lunga spiaggia di Marina di Camerota, dove venivano realizzate le reti, fabbricate sul posto utilizzando in buona parte i materiali vegetali, raccolti sulle colline circostanti.

La tonnara, che è stata attiva fino alla metà del 1900, aveva il pedale a qualche miglio di distanza dalla spiaggia, con pedale sugli scogli nei pressi della baia degli Infreschi. I tonnaroti vivevano per l'intera stagione di pesca negli anfratti delle rocce.

La consistente corrente migratoria di tonni lungo le coste del Cilento era assicurata anche dall'abbondante presenza di acciughe, famose già nel periodo classico, nel golfo di Ascea. Oggi sono ancora pescate con gli antichi sistemi della menaide, una rete speciale che consente di avere un ottimo prodotto salato. Hanno origini antichissime, e infatti Strabone riferisce una interessante notizia a proposito dei taricheri di Velia o Elea, l'attuale Ascea marina.

In Puglia, numerose sono le località adibite agli impianti di tonnare. Il golfo di Taranto, in primis, è stato ritenuto dagli studiosi di alieutica "centro di dimora" dei tonni, a causa degli alti fondali e della posizione lungo la rotta della migrazione.

La tonnara era calata esclusivamente nel golfo di Taranto, sulle coste del Salento; non si ha alcuna notizia di tonnare sul lungo litorale adriatico, a causa certamente dei bassi fondali.

Delle tonnare di Puglia si ha documentazione fin dal periodo angioino:

quella di *Gallipoli*, è la più importante della zona, con ampia documentazione: era molto pescosa e catturò, nella sua lunga storia, anche balenottere e foche monache, prima che questa antica specie si estinguesse dalle coste dell'Italia continentale. Aveva il pedale nel piccolo golfo delle Fontanelle, oggi trasformato in porto turistico, con coda lunga 1.600 metri; la *tonnara di Porto Cesareo*, di cui si hanno documenti dal 1791, con qualche traccia nella topografia cittadina; la *tonnara di S. Isidoro*, che veniva calata in comune di

Nardò, nel pescoso specchio d'acqua di Porto Cesareo, e diede seguito a vivaci contenziosi con gli imprenditori della tonnara di Gallipoli, per antichi diritti; la *tonnara di S. Caterina*, chiamata anche tonnara di S. Isidoro che fu causa principale del contenzioso con la tonnara della vicina Gallipoli; la *tonnara del Pizzo*, ubicata a sud di Gallipoli, calata in comune di Taviano. Il litorale risulta ancora oggi sostanzialmente intatto, con ipotesi di realizzazione di insediamenti turistici.

Lungo le coste italiane dell'Adriatico, dalla Puglia al Veneto, non si ha notizia di alcuna tonnara. Ciò deriva certamente dai bassi

fondali su cui prospetta il litorale italiano:
qualche tonnara fu attiva sul versante opposto,
nella zona di Ragusa, della Dalmazia e
dell'Istria.

Alcune tonnare, di tipo speciale a circuizione
chiamate "tratte", furono attive sul litorale
triestino. Si contavano, all'inizio del secolo,
quattordici impianti in territorio di Aurisina:
tonnara di Draga e *tonnara di Vir*; in
territorio di S. Croce: *tonnara di Brojnica*;
*tonnara di Ravne, tonnara di Bella Vigna,
tonnara di Cavse, tonnara di Sovnik, tonnara
di Faren, tonnara di Mul, tonnara di Rendela,
tonnara Lahovec, tonnara Draga, tonnara di*

Pri Ucikarju; in territorio di Barcola Contovello: *tonnara di Na Socuku*; *tonnara di Vejal*.

Per quanto concerne la Calabria, è noto che il grande specchio d'acqua antistante la regione, fino all'arcipelago *eoliano*, è stato il maggior centro di riproduzione dei tonni del Tirreno fino a pochi anni fa.

I tonni che provenivano da ovest, trovavano qui le condizioni ottimali di temperatura, salinità e calma di acque e, sostando per diverse settimane, per svolgere le funzioni riproduttive venivano catturati in gran quantità alla fine degli anni 1990, dalle lunghe reti di circuizione delle flotte tonniere di stanza a Vibo Valentia.

Sulle coste della Calabria fin dai tempi antichissimi si ebbe il maggior "polo tonniero", con concentrazione di tonnare ad alte produzioni.

Gli antichi geografi, in particolare Atheneo ed Aeliano, citano il golfo Ipponiate ben attrezzato per la commercializzazione del tonno e l'ottima qualità dei pesci. Singolare la denominazione nel dialetto calabrese della moderna bottarga: vatarico dal greco "*tarikos*", con permanenza del termine.

Si ha notizia di insediamenti molto antichi a S. Irene, in comune di Briatico, nella zona dello scoglio Galera, dove sorgevano le classiche cetariae, con porticciolo e tracce di peschiere.

Le più importanti tonnare sono di seguito elencate: *tonnara di Scalea*; *tonnara di Cirella*; *tonnara di S. Lucido*; *tonnara di Amantea*; *tonnara dell' Angitola*, detta anche del Lagnone (veniva calata nel golfo di S. Eufemia a Maierato, a pochi chilometri a nord di Pizzo Calabro. Oggi sono ancora visibili i resti dell'antica loggia, luogo dove i pesci venivano lavorati); *tonnara di Pizzo* (è una della più antiche e pescose delle coste dell'Italia continentale, con produzioni paragonabili alle grandi tonnare siciliane). Documenti d'archivio indicano la vetustà della tonnara al 1457, concessa da Alfonso d'Aragona al Duca di S. Severino. La tonnara aveva il pedale agli scogli sottostanti il centro urbano di Pizzo e oggi sono ancora visibili i locali dove veniva lavorato il pesce. Pizzo era costituita da più tonnare: *tonnara della Seggiola, tonnara della Gurna* (detta anche "piccola di Pizzo" che si calava nella zona del nuovo porticciolo di Pizzo); *tonnara di Bivona* (nel comune di Monteleone Calabro, distava poche miglia da Pizzo, con pedale in zona sabbiosa: l'isola era a oltre un miglio). La tonnara era di origine araba e si ha notizia che nel 1081 venne concessa al Vescovo di Mileto. Era molto pescosa e le strutture a terra sono oggi in corso di restauro. Si è riusciti a salvare dalla distruzione anche parte del "barcareccio" e dell'attrezzatura fissa; *tonnara di Briatico*; *tonnara di Parghelia*; *tonnara di Tropea*; *tonnara di Falerna*, o di *Capo Sùvero*; *tonnara di Acconia* (sulla spiaggia a sud del torrente Turrina in comune di Curinga); *tonnara della Cerza* (sul litorale di

Maierato, oggi in comune di Pizzo); *tonnara di Mezza Praia*; *tonnara di Santa Venere* (corrispondente all'attuale Vibo Valentia marina); *tonnara di S. Irene* (nelle vicinanze di Briatico, con presenza sulla spiaggia dei resti di quattro cetariae); *tonnara delle Braci* o *della Rocchetta*; *tonnara della scoglio Galera* o *di Praca* o *Vrace*; *tonnara di Nicotera*; *tonnara di Palmi*; *tonnara della Mariella* (l'unica sul versante ionico, nelle vicinanze di Crotone, presso il Capo Colonna).

CAPITOLO 2

LA TONNARA DI PIZZO

2.1 La pesca del tonno

Nell'antichità il tonno ha rappresentato una delle maggiori ricchezze economiche e risorse naturali per le popolazioni che si affacciavano sul Mediterraneo. Quando parliamo di tonno ci riferiamo al tonno rosso (*Thunnus thynnus*), per molti secoli fonte di cibo e di lavoro, e, quindi, di reddito per pescatori, costruttori di barche e di reti e per tutti coloro che lavoravano la carne del tonno, lungo tutto il bacino di quello che i romani chiamavano *mare nostrum*, cioè, da Gibilterra all'Ellesponto.

Ogni comunità dedita alla pesca del tonno, piccola o grande che fosse, ha tendenzialmente modificato e adattato le generiche tecniche di cattura per renderle idonee alla conformazione geografica e alle risorse locali disponibili, modifiche che, tuttavia, non si sono mai allontanate troppo da quelle che erano le impostazioni comuni a tutte le ormai numerose comunità che nel Mediterraneo praticavano questa attività.

Scriveva a questo proposito Mastromarco:

«Proprio ai Greci possiamo ascrivere un primo vero tentativo di studio scientifico dei tonni, essi conoscevano vari modi di pescarli: con fiocine, tridenti, reti mobili e reti fisse e anche con esche avvelenate e con narcotici».[25] E aggiunge sulla tecnica di pesca: «L'esigenza di migliorare le tecniche di pesca è certamente alla base degli studi che gli stessi Greci e in particolare Aristotele [...] dedicarono al riconoscimento delle aree in cui i tonni vivono e prolificano. [...] Tra le fonti greche che fanno riferimento alla tecniche con cui aveva

---

[25]G. Mastromarco, *La pesca del tonno nella Grecia antica: dalla realtà quotidiana alla metafora poetica, in principio era il mare Economia, cultura, tradizioni*, Padova, O. Longo e G.B. Lanfranchi, 2003, p.119.

luogo la pesca del tonno si segnalano Claudio Eliano (II sec. d. C.) [...] e Filostrato (II/III sec. d. C.) [...] possiamo ricostruire il modo in cui si svolgeva la pesca del tonno con le grandi reti mobili. Come giorno propizio per la pesca si individuava una giornata priva di vento, con il mare calmo, in primavera, nel periodo della migrazione dei pesci; mentre alcuni barconi, ciascuno con dodici uomini a bordo (sei per fiancata), procedevano l'uno dietro l'altro, in fila indiana, trascinando ciascuno una parte della lunghissima rete che sarebbe servita alla cattura dei tonni, un uomo, dotato di una vista acutissima e di una voce possente, si metteva di vedetta su di una scogliera ovvero su di un costruzione lignea da cui era possibile osservare con tutta comodità la distesa marina; e, allorchè avvistava il branco, la vedetta [...] segnalava e la posizione in cui si trovavano i tonni e il loro numero». Prosegue Mastromarco con quella che è una descrizione della pesca vera e propria: «I barconi si avanzavano verso il luogo indicato dalla vedetta e, quando giungevano sul posto, i pescatori gettavano le reti in mare e operavano immediatamente un'inversione di marcia, in seguito alla quale le reti si distendevano, in virtù di un sistema di galleggianti, sulla superficie marina e i tonni restavano intrappolati, incapaci di muoversi, preda dei pescatori. È verosimile che, a questo punto, avesse luogo la mattanza, ma nè Eliano né Filostrato entrano nei dettagli di questo cruento, crudelissimo massacro. [...] Le testimonianze di Eliano e di Filostrato non consentono di dare una risposta certa alla domanda se i Greci conoscessero la tonnara, che rappresenta il metodo classico di cattura dei tonni, tuttora seguito in Sicilia e in Sardegna. Com'è noto la tonnara consiste in un sistema di reti fisse, che formano un certo numero di scompartimenti, le camere [...].

Sembra che tale metodo fosse già noto ai Fenici, ma che esso fosse adoperato dai Greci pare lecito dedurre, da un passo di Oppiano di Anazarbo, un poeta del secondo secolo d.C.».[26]

Le varie dominazioni successive ai romani proseguirono e perfezionarono la filiera del tonno: dalla pesca alla lavorazione, conservazione e commercializzazione. Sono da citare, in particolare, gli arabi, i quali edificarono nuove tonnare lungo le coste e dai quali deriva l'etimologia di tutte le parole e i canti scanditi durante la cattura dei tonni e la

---

[26]*Idem*, p. 119.

loro successiva lavorazione.

La pesca di questa specie ittica è diffusa nel Golfo di Sant'Eufemia fin dai tempi della Magna Grecia, ma è solo intorno all'anno 1000, tuttavia, che gli arabi introducono in queste zona il collaudato sistema di pesca basato sulle tonnare fisse. Grazie alla pescosità delle acque calabre (ricche di tunnidi come l'alalunga, la palamita, il timbarello, il tonnetto, ma anche di pescespada e altri pesci più piccoli) e all'efficacia delle tonnare, la pesca era sempre abbondante, tanto che, spesso, eccedeva le capacità delle tonnare stesse.[27] Le coste della Calabria, quindi, fin dai tempi antichissimi sono state il maggior centro di riproduzione dei tonni del Tirreno con concentrazione di tonnare ad alte produzioni. I tonni provenienti da ovest trovavano condizioni ottimali di temperatura e qui venivano catturati in grande quantità con tecniche di trappola fissa lungo il percorso migratorio. Grasser, già agli inizi del seicento, racconta che in diversi centri costieri si pescavano i tonni e che in alcune battute particolarmente fortunate, se ne potevano catturare anche mille al giorno: «In questo

[27]F. Cortese, *Genesi e progenie della città di Pizzo*, Cosenza, Brenner, 1981.

Golfo di Santa Eufemia si pescano dappertutto bellissimi e fini coralli e tonni in gran quantità. I tonni sono pesci di dimensioni piuttosto notevoli, in genere lunghi tre cubiti, grossi tanto nel mezzo quanto può abbracciare un uomo con le due braccia. Ogni anno, a primavera, agli inizi di maggio, essi, per riprodursi, sogliono confluire a branchi nel suddetto golfo. Quando arriva questo periodo, i pescatori sono già all'erta con gli strumenti e le reti adatti. Su un torrione nei pressi del mare un uomo esperto scruta l'approssimarsi del branco. Appena questi dallo scrosciare dell'acqua si accorge del loro arrivo, con un panno fa un segno ai pescatori che subito si precipitano con le loro imbarcazioni nel punto indicato, circondando il branco con le reti e lentamente li spingono verso la spiaggia. Ora, anche con le reti di ferro, non sarebbe possibile portare a riva un branco di pesci di tale dimensioni, se i tonni non avessero un muso così tanto delicato. Infatti, appena toccano la rete, avvertono per la sensibilità del loro muso un forte dolore, per cui arretrano immediatamente e si lasciano portare sulla spiaggia, dove vengono presi, fatti a pezzi, messi sotto sale in barili ed esportati. È così che i pescatori prendono spesso cinquecento, qualche volta addirittura mille tonni al giorno».[28]

2.2 Il "Pedale"

Delle nove tonnare del Golfo di Sant'Eufemia, già nel 1792 ne operavano a Pizzo ben quattro: una, al di là della foce del fiume Angitola, detta *"Tunnàra d'a Cerza"*; un'altra, prima del fiume, *"Tunnàra d'a Prajia"* o tonnara *"Grande"*(messa in mare nel 1475 per concessione di Alfonso D'Aragona); la terza detta *"Tunnàara 'i*

---

[28]G. Sole, *La foglia di alisier: Calabria e calabresi nei diari di viaggio*, Soveria Mannelli, Rubbettino, 2012, p. 381-382.

Langhjùni", situata di fronte all'omonima spiaggia. La quarta, infine, era sita di fronte all'abitato di Pizzo ed era detta *"Tunnàra d'a Gurna"* o tonnara *"Piccola"* (calata in mare nel 1578 nella spiaggetta della Seggiola e poi spostata al Rione Marina fu anche l'ultima di quelle del golfo a rimanere in attività fino al 1963, mettendo fine alla millenaria tradizione dei tonnaroti locali, eredi dei pescatori arabi). Era detta anche *"Tunnàra andica"*, perché fondata nel 1475. Pavesi, nella relazione presentata alla commissione reale per le tonnare del 1889 scrive:[29] «Concessa da

---

[29]M. Pacifico, *I pescatori di Pizzo, storia, usi, tradizioni*, Sciconi di

Alfonso d'Aragona al duca San Saverino; venne poi goduta fino al 1504 da Duca dell'Infatado e quindi posseduta per alquanto tempo dal comune di Pizzo al quale fu data per ordine superiore, in considerazione dei suoi bisogni e per potersi costruire la strada, il Duca fece domanda di reintegra, che venne rigettata con decisione 12 gennaio 1819 dal Consiglio d'Intendenza, cui era devoluto in prima istanza il contenzioso amministrativo dell'ex reame delle Due Sicilie, confermando il Comune nel suo possesso; ma la Gran Corte dei Conti di Napoli, ossia il Tribunale

Briatico, Officine Grafiche Garrì, 1994, p. 50.

Supremo in materia di pubblica amministrazione con sentenza 23 febbraio 1820 annullò il provvedimento del Consiglio d'Intendenza e per effetto del regio decreto 30 novembre 1819 reintegrò nel possesso della tonnara di Pizzo il Duca dell'Infantado. Da questo ha causa l'attuale possessore Senatore Marchese Enrico Gagliardi, per acquisto dell'intero feudo stipulato il 7 settembre 1857 con istromento a rogito natar Cacace di Napoli. È grande di costa, a tipo tonnarella, situata nel centro del Golfo di Sant' Eufemia, con pedale ancorato al lido della città di Pizzo, provincia di Catanzaro, coda per maestro,

isola per greco libeccio distante 3000 m.
bocca a levante scirocco, in una profondità di
20-70 m per quanto risulta dalla carta n. 63
dell'Ufficio Idografico della Regia Marina
Italiana».

In Calabria il termine tonnara indicava tutto il
complesso di attrezzature, strutture a terra ed a
mare, che caratterizzavano tale attività.[30] La
tonnara propriamente detta si distingueva in
tonnara di terra, l'area posta sull'arenile, e
tonnara di mare, costituita dal complesso di
reti in mare che creava la trappola per i tonni.
La tonnara di terra, detta anche *malfaraggio*,

---

[30]Cfr. appendice 1.

comprendeva sia le grosse strutture murarie della palazzina e della loggia, dove venivano custodite le barche e le reti, sia l'area esterna in cui si svolgevano tutte le attività legate alla preparazione della trappola. Essa era un vero e proprio insediamento autonomo, dove le giornate erano scandite dal ritmo dei lavori di allestimento del complesso sistema di pesca.

La *tonnara di mare*, era calata entro il mese di maggio e vi restava fino al mese di agosto o di settembre, periodo in cui si svolgevano tutte le operazioni di pesca ad essa legate, mentre a terra si ultimava la fase di lavaggio e sventramento dei tonni pescati e s'intraprendevano le attività legate alla loro vendita.

La prima operazione da effettuare nell'allestimento della *tonnara di mare* consisteva nello *'ncruciari* la tonnara, ossia nello scegliere il punto esatto della sua collocazione a mare, decidendo, così, la posizione della *calata*. Si stendevano poi i cavi detti *cruci*, tenuti a galla da una miriade di sugheri, detti *galletti*.

Veniva chiamata *pedale* la rete che univa la trappola alla spiaggia. Esso era costituito da un grosso cavo d'acciaio fissato a riva grazie all'ancora più grande della tonnara, a *quattro marre*, sotterrata ad una profondità di due metri. Su tale cavo veniva legata la rete che creava cosi un vero e proprio sbarramento al percorso abituale del pesce.[31] Matteo Malerba racconta che nel mese di Maggio nella tonnara di Pizzo Marina, negli anni 1960, *il pedale* era legato allo scoglio della Seggiola, e i pescatori calavano le reti lontano a 5 miglia, gettavano grosse ancore[32]. Giorgio Lo Turco afferma che i tonnaroti attaccavano la rete della

---

[31]A. Montesanti, *Le tonnare di Bivona, i resti di una cultura del mare*, Sciconi di Briatico, Officine Grafiche Garrì, 1994, pp. 26-29.

[32]Intervista a: Matteo Malerba, pescatore e cuoco, anni 71, Pizzo 01-07-2016.

tonnara con una catena su questo scoglio della Seggiola avente un grosso buco (ora questo scoglio non c'è più perché hanno fatto dei lavori, è cambiato il paesaggio), e poi veniva attaccata una rete alle boe che scendeva nel fondale, quindi allo scoglio veniva legata questa catena unita alla rete per circa 500 metri, e lì erano presenti delle barche grosse[33].

L'*isola (isula)* era un grande rettangolo formato da reti, i cui lati superiori erano costituiti dai cavi, tenuti a galla da sugheri e assicurati al fondo da decine di pesi detti

---

[33]Intervista a: Giorgio Lo Turco, pittore, anni 80, Pizzo 10-07-2016; Maria Isolabella, casalinga, anni 75, Pizzo 10-07-2016.

mazzarri da altrettante ancore con fusto in ferro, per garantirne la stabilità. Da questi cavi venivano calate le reti, spesso di canapa, di cocco o di *spartu*, tutte fibre vegetali, cosa che permetteva ai pescatori di abbandonarle a mare, grazie al cosiddetto *taglio*, nel caso di condizioni metereologiche poco favorevoli, o se alla fine della stagione di pesca si fosse rincontrata un'usura eccessiva delle reti. Così facendo si evitava il faticoso lavoro della loro raccolta. Nel grande rettangolo di reti a mare, nel lato di terra, veniva lasciata un'apertura, detta *'a vucca a nassa*, larga circa 40 metri, da cui entravano i tonni. Calando delle reti verticalmente ai due lati della tonnara, si creavano delle camere comunicanti tra loro grazie ad un'apertura. L'ultima era detta *camera della morte* ed era composta da una rete a forma di culla detta *coppu* o *corpo*, che iniziava con maglie larghe che si restringevano man mano.[34]

La tonnara era composta da cinque *camere*, divise da reti chiamate *porte* che erano aperte e chiuse dai tonnaroti per il passaggio del pesce da una camera ad un'altra. Secondo

---

[34]F. Terranova, *La città disegnata nel mare in V. Consolo, La pesca del tonno in Sicilia*, Palermo, Sellerio, 1987; AA.VV., *Le tonnare di Pizzo*, Soveria Mannelli, Qualecultura-Jaca Book, 1991.

quanto racconta Matteo Malerba le cinque camere che costituivano l'isola erano[35]: la *camera grande* dove erano ammassati i tonni prima della mattanza; la *camera Levante* collocata a destra della *camera grande* serviva per dividere i tonni se il pescato fosse stato abbondante e si volesse fare più di una mattanza; la *camera bastarda* nella quale i tonni erano contati per sapere se il numero fosse adeguato per effettuare la mattanza; la *camera ponente:* la più piccola, portava direttamente alla *camera della morte* ed era

---

[35]Intervista a: Matteo Malerba, pescatore e cuoco, anni 71, Pizzo 01-07-2016; Antonio Villella, marinaio, anni 87, Pizzo 03-07-2016; Rosa Isolabella, casalinga, anni 81, Pizzo 03-07-2016.

l'ultima a chiudersi prima della mattanza; la *camera della morte*, l'unica ad avere sul fondo una rete chiamata *coppu*, issata dalle barche che si disponevano attorno ad essa, per far affiorare i tonni in superficie.

Quando i tonni erano radunati nella *camera della morte*, i marinai prendevano il loro posto sui grandi barconi, ed a questo punto il *ràis* ordinando l'alzata della rete, detta *levata*, dava inizio alla *mattanza*, termine, questo, di chiara origine spagnola (*matar* = uccidere). Con un preciso lavoro collettivo, i tonnaroti alzavano a forza di braccia la rete ed uncinavano i tonni tirandoli, sempre a forza di braccia, sulle imbarcazioni. Questa fase della pesca era scandita dal ritmo di un coro, *'a levala*, molto simile alla *cialoma* intonata dai tonnaroti siciliani.

Matvejevic riguardo la pesca del tonno scriveva: «L'ultimo atto della pesca al tonno era una volta tra i più grandi spettacoli mediterranei, comparabile al circo o al teatro. Vi assistevano grandi e piccini, poveri e ricchi, il popolano e la nobiltà. Anzi, il re di Napoli vi fu presente più volte. Si faceva ritrarre in barca, attento e solenne, orgoglioso di se stesso e del suo reame. Ed è molto più semplice raccontare una mattanza con le immagini anziché descriverla. Sulla superficie non si vedono i tonni grossi, quelli "di vista debole e di muso delicato": sono impigliati nelle reti e, non potendo muoversi per prendere l'ossigeno con le branchie, soffocano appesi sott'acqua. Sembrano essere gli scogli dell'isola, le colonne della camera, postumi guardiani della "porta". Sopra, lo spazio diventa sempre più stretto: i corpi si dibattono, urtano l'uno sull'altro, s'infuriano, impazziscono. I dorsi lucenti, guizzi e balzi tremendi, appaiono e scompaiono fra schizzi di schiuma. I pesci arpionati si colorano di flotti d'un sangue quasi nero, altri, invece, di un liquido più chiaro, vermiglio. Il blu del mare si tinge di un'enorme chiazza di rossore. Il frastuono di colpi e di urti, di voci e di grida, accompagna lo spettacolo: un sacrificio rituale, una specie di guerra. Inebriati e affollati anch'essi, i tonnaroti trafiggono e agganciano la preda. La barca s'inclina sotto il peso, le spalle s'incurvano. "Non lacerare il corpo del pesce", grida il rais. La mattanza dura circa un'ora, l'evento stesso molto di più. Alla fine, la ciurma è stanca ed orgogliosa»[36].

Nel 1606 Grasser scriveva che, quando i tonni in primavera arrivavano nel Golfo di

---

[36]S. Sorbello, *op. cit.*, pp.26-29.

Sant'Eufemia per riprodursi, un uomo esperto scrutava l'approssimarsi del branco di pesci dall'alto di un torrione nei pressi della spiaggia . La vedetta, accorgendosi dell'arrivo dei tonni dallo scrosciare delle acque, sventolava un panno per avvisare i compagni, i quali subito si precipitavano con le loro imbarcazioni nel punto indicato e circondando i pesci con le reti, lentamente, li spingevano verso la spiaggia.[37] De Tavel, invece, raccontava, nel 1809 che, per catturare i tonni lungo la costa di Palmi, si tendevano reti a fior d'acqua in mezzo alle rocce, ancorandole al

---

[37]G. Sole, *La foglia di alisier: Calabria e calabresi nei diari di viaggio*, Soveria Mannelli, Rubettino, 2012, p. 139.

fondo con pesanti piombi. Quando una certa quantità di pesci restava imprigionata nelle diverse anse della rete che andava restringendosi, se ne bloccava l'ingresso e, a quel punto, iniziava il massacro. Assaliti con picche, asce e arpioni, i tonni si divincolavano nell'acqua arrossata dal loro stesso sangue, sbattendo violentemente contro le barche e le rocce.[38]

Nelle parole di coloro che hanno partecipato alla mattanza e che ho intervistato per la presente tesi, si coglie tutta la sapienza dei

---

[38]*Idem*, p. 140.

tonnaroti[39]: «Lanciavano le reti formando delle camere, nel mese di Maggio, già a partire dalla mattina presto, i pescatori e le barche erano sempre a mare. Si aspettava il passaggio dei tonni (che, come le rondini ritornano nello stesso nido, non si sa perché, ma anche i tonni ritornavano facendo lo stesso percorso, seguendo le stesse correnti). Erano quasi quaranta/cinquanta tonnaroti in tutto. I tonni entravano dapprima in una camera: era sempre presente una persona che vigilava, che osservava, era il *ràis* ovvero il capo.

Quando entrava un tonno in una delle camere,

---

tutti gli altri tonni lo seguivano, finchè al suo
ordine, i tonnaroti li spingevano *nella camera
della morte* e a quel punto dicendo *alza
bandiera*, chiudevano la porta della *camera*. I
tonnaroti, cioè, tiravano una sbarra collegata
alle reti in modo tale da non far più uscire i
pesci, ormai in trappola. Era ormai la parte
finale, cioè la morte del tonno; tiravano a
braccia la rete facendo avanzare la barca di
piatto per rendere sempre minore lo spazio
lasciato ai tonni. Poi, piano piano, non
avevano più spazio, perché la rete salendo, li
portava sempre più verso la superficie, dove
venivano tirati su a bordo, tramite un bastone

ad uncino. A largo della marina di Pizzo iniziava la *mattanza*, uno spettacolo sanguinoso e crudele: il mare si colorava di rosso per il sangue, sembrava un campo di battaglia, accompagnata da un canto tradizionale *Leva leva…*:

Leva, Leva!

E leva, leva, leva!

E tiramu l'arrangata,

E leva, leva, leva

Rispondemu sottavuci,

E leva, leva, leva

Assumamu la defundu,

E leva, leva, leva

Facimu prestu, c'arrivau!

Portanova mu rispundi,

E leva, leva, leva!

Colannitu mu rispundi,

E leva, leva, leva!

Fundimu la vuci,

A la, a le!

Facimu jornata, ca arza lu suli,

U leva, leva, Leva!

Facimu prestu, ca n'da brahamu!

Sonamu di fundu, ca resta a piccu, ma puru

l'anguru

Spingimu la testa, ca cala ammari, ca veni

avandi

E leva, leva, leva![40]

Con l'ultimo tonno imprigionato, la pesca era finita e gli uomini rientravano con le loro barche e il prezioso carico. Matteo Malerba

---

racconta che la Tonnara di Pizzo era uno spettacolo: in lontananza, nel mare si vedeva la schiuma bianca dei tonni, era pieno di gente che scendeva dal Castello Murat giù alla marina, veniva a vedere questo evento[41]. E prosegue il racconto spiegando che la pesca era abbondante, che entravano 700-1000 tonni. Un tonno pesava sui 70-80 kg. I tonni catturati erano poi trasportati vicino alla riva, precisamente nella *scivola della marina* di Pizzo (così chiamata per la sua forma di pedana in discesa, scivolosa) e qui venivano gettati in acqua, poi issati con corde ed

---

[41]Intervista a: Matteo Malerba, pescatore e cuoco, anni 71, Pizzo 01-07-2016.

adagiati sulla battigia, dove veniva effettuato il primo lavoro di squartamento e di lavaggio. Successivamente, dopo averli appesi per farli dissanguare, iniziava il procedimento di taglio, cottura e salagione negli stabilimenti di proprietà Callipo, Marincola o Sardanelli dove il tonno veniva preparato sotto sale o in olio. Anche le donne contribuivano in questo procedimento. Tutto ciò avveniva nella loggia dello stabilimento della tonnara della marina di Pizzo, oggi Museo della Tonnara. Matteo Malerba prosegue dicendo che il tonno pescato era quello pinna rossa e qualcuno pinna gialla. Erano tutti in attesa di questi tonni che giungevano dal Mediterraneo di primavera, chiamati *tonni di corsa*, quelli cioè più prelibati perché giungono grossi[42].

Ai marinai, però, venivano dati i pesci-luna, pesci piccoli, che erano stati pescati insieme ai tonni e che poi decidevano anche di venderli, oppure venivano regalati ai ragazzini, che scalzi e in costume, avevano aiutato ad esempio a mettere in acqua le barche, dopodiché mettevano i pesci-luna appesi in fila su un palo e, finché facevano ritorno a casa, li vendevano tutti a 50/100 lire. Le loro

---

[42]Intervista a: Matteo Malerba, pescatore e cuoco, anni 71, Pizzo 01-07-2016; Giuseppe Esposito (mio padre), insegnante di ed. tecnica, anni 69, Pizzo 15-07-2016.

madri o donne di casa li cucinavano con aceto, peperoncino, aglio e menta oppure fritti, è famoso a Pizzo il ricordo di queste vie del paese che profumavano di aceto e mentuccia[43]. Il tonno comunque ai pescatori non veniva dato perché spettava al titolare della tonnara[44], cioè il tonno venivano consegnato agli stabilimenti di lavorazione degli stessi, come negli stabilimenti[45].

Nelle tonnare è spesso documentato l'uso di

---

[43]*Ibidem*; Giorgio Lo Turco, pittore, anni 80, Pizzo 10-07-2016; Maria Isolabella, casalinga, anni 75, Pizzo 10-07-2016; Matteo Malerba, politico (partito comunista Vibo Valentia), anni 61, Pizzo 13-07-2016.

[44]Intervista a: Matteo Malerba, pescatore e cuoco, anni 71, Pizzo 01-07-2016.

[45]Intervista a: Giorgio Lo Turco, pittore, anni 80, Pizzo 10-07-2016; Maria Isolabella, casalinga, anni 75, Pizzo 10-07-2016.

un codice segreto, tale da non consentire ai pescivendoli di influire sulla rendita finale del pescato; venivano comunque sempre usate delle bandiere per indicare il tipo di pesca effettuata: *bandiera italiana* nel caso si pescassero tonni, *bandiera bianca* per i pesci spada e *blu* per quelli di piccola taglia.

Si deve all'ultimo affittuario della tonnara di Bivona, l'adozione di un cifrario codificato solo da persone di fiducia, per comunicare tra la *loggia* e l'*isula* circa l'esito della pesca e per tutte le probabili necessità della ciurma di mare.[46] E', invece, del tutto da scartare l'ipotesi, avanzata da qualche studioso, che questo sistema di comunicazione fosse anche uno stratagemma per difendersi dagli iettatori, proprio perché la forte religiosità dei tonnaroti calabresi non lasciava spazio a rituali, per così dire pagani, contro il malocchio, così come avveniva, al contrario, nelle tonnare siciliane. L'unica usanza documentata in tal senso, riguarda, i salsamentari ovvero i venditori di *rrobba salata*, che erano soliti appendere sull'ingresso del loro negozio una coda di tornio macchiata di rosso, la quale proprio

---

perché a due punte, come le corna, diveniva un potente mezzo contro la iettatura.

Da dicembre ad aprile, all'interno della loggia, si svolgeva la maggior parte del lavoro di preparazione della tonnara. In tale periodo il ruolo preminente era delle donne, per lo più mogli e figlie dei tonnaroti, che riparavano o preparavano le reti a maglia fine, utilizzate nella rete della camera della morte[47]. Malerba racconta che le donne aspettavano in casa, cucinavano e qualcuna riparava le reti, soprattutto per pescare la triglia, ma non

---

[47]Intervista a: Giorgio Lo Turco, pittore, anni 80, Pizzo 10-07-2016; Maria Isolabella, casalinga, anni 75, Pizzo 10-07-2016.

quelle per pescare il tonno, perché era un lavoro troppo complicato, era per persone esperte, che sapevano fare la maglia, riservato per chi aveva più esperienza[48]. Esse percepivano un compenso, che intorno agli anni quaranta, raggiungeva le 20 lire ogni 20 *canne*.[49]

Gli uomini, durante il periodo di ferma, effettuavano i lavori di riparazione e calafatura delle barche, nonché la periodica manutenzione dei grandi argani di legno e

---

[48]Intervista a: Matteo Malerba, pescatore e cuoco, anni 71, Pizzo 01-07-2016.

[49]La canna era l'unità di misura della lunghezza delle reti. Una canna misurava 1,74 metri.

delle carrucole poste sui barconi, preparando, inoltre, le enormi quantità di galleggianti e di cordame utilizzati nella pesca. Quelle della tonnara erano barche particolari, di legno, di colore nero, grandi. Erano barche calafatate: il calafataggio delle barche era, ed è tuttora, una tecnica di impermeabilizzazione della barca in legno (infatti deriva dal verbo *calafatare*, dal latino *cala facere* che significa cioè fare calore per ripulire superfici incrostate da ripristinare), attraverso l'inserimento della canapa tra i *comenti*, spazi tra il fasciame di tavole. Essa crea una giunzione tra le tavole del fasciame in grado di reggere il mare e resistere nel tempo.

In passato, tale operazione consisteva essenzialmente nell'inserire tra il fasciame che costituisce lo scafo, delle fibre, spesso canapa o stoppa, impregnate di pece, con lo scopo di chiudere tutte le fessure del fasciame delle navi ed impedire infiltrazioni d'acqua.

L'azione avveniva manualmente, usando una mazzuola di legno, detta *maglio da calafato*, una specie di martello di leccio o rovere, fatto a mano (si doveva adattare alla forza e alla lunghezza delle braccia di chi lo usava), interamente in legno, a due teste e, dunque con possibilità di colpire sia da una parte che dall'altra. In prossimità della bocca per colpire vi era un anello in farro che evitava le spaccature del legno. Le dimensioni erano 33 cm dl larghezza circa con un manico di 38 cm, il peso era di un chilogrammo.

Insieme alla mazzuola veniva usato un particolare scalpello a punta piatta, detto *malabestia*, che permetteva di spingere la fibra, senza tagliarla, all'interno dei *comenti*, le connessioni tra le tavole del fasciame. Gli altri attrezzi erano la *parella*, quattro ferri con numero diverso di canale, il *cavastoppa*, il raschino. Tutti gli utensili venivano conservati in una cassetta che si chiamava *marmotta*.

Sotto la barca già calafatata, per annerire il legno, venivano raccolti fasci di stipa depositati poi nei cantieri. Successivamente, si metteva la pece bollente, usando un bastone che aveva sulla punta una pelle di capra: la lana che non bruciava, immersa nella pece bollente e si premeva nei *comenti* a lavoro finito. Dopo la pece si inchiodavano delle pezze di feltro e su queste si sovrapponevano dei fogli di rame fissati con chiodini[50]. Questo

---

[50]Attualmente, nelle imbarcazioni moderne il calafataggio viene per lo più eseguito ricorrendo a speciali mastici sintetici. Per gli scafi in acciaio chiodato, nel caso di lamiere di sufficiente spessore il calafataggio si realizza mediante deformazione plastica (cianfrinatura) dei bordi delle lamiere affacciati; nel

mestiere, particolarmente importante, veniva eseguito dal mastro calafato.

Il commercio ruotava sulla navigazione, per cui vista la massiccia presenza di barche in legno, il calafato era considerato come "il curatore" delle barche.

Nei cantieri e negli arsenali, i calafati erano maestranze tenute in grande considerazione. Per la qualifica di stagnatore di vie d'acqua, il calafato, insieme al carpentiere, veniva imbarcato in numero vario sulle navi,

caso di lamiere molto sottili, è necessario introdurre tra esse guarnizioni di feltro o altro materiale adatto. La costruzione degli scafi saldati in acciaio consente di ottenere strutture stagne senza necessità di calafataggio.

soprattutto su quelle da guerra, per intervenire prontamente a chiudere le falle provocate dalle palle di cannone nemiche. Nelle navi, durante il combattimento, il calafato era sempre pronto a chiudere eventuali vie d' acqua, con lastre di piombo, uova di struzzo e simili. Le uova di struzzo, in particolare, erano grossi tappi in legno, a forma conica, usati per chiudere i fori nel fasciame provocati dalle palle di cannone.

Il prof. Esposito racconta che oggi, con l'avvento degli scafi in resina e la riduzione della flotta di pescherecci restano pochissimi mastri calafati. Questo mestiere, che oggi sta scomparendo, costituiva, fino a quaranta anni

fa una delle principali occupazioni assieme a

quella del maestro d'ascia per molti abitanti. Il

mestiere del calafato era faticoso, con difficili

operazioni da eseguire e pericoloso, a causa

sia dei materiali usati (pece bollente e rame,

che attirava i fulmini) sia per la scomoda

posizione, i forti e continui rumori che

provocavano sordità e, spesso stress nervoso,

le martellate sulle dita e i calli nelle mani: i

calafati, perciò, erano detti "sordi e

maleducati".

Generalmente, il calafato praticava solo

quest'arte, ma non era raro incontrare maestri

d'ascia che sapessero esercitar egregiamente anche il mestiere del calafato. Questi erano gli operai più ricercati.[51] Il prof. Esposito continua ad informarci che sulla spiaggia venivano sistemate le decine di ancore nere usate per ancorare al fondo la *tonnara di mare*. La ciurma, composta da una sessantina di uomini, veniva comandata dal *ràis*, termine arabo con cui s'indicava il loro capo, «Il loro capo indiscusso»[52], che, in realtà, era una vera e propria figura carismatica, determinante nelle scelte e nel destino della pesca. La

---

[51]Intervista a: Giuseppe Esposito (mio padre), insegnante di ed. tecnica, anni 69, Pizzo 15-07-2016.

[52] Intervista a: Matteo Malerba, politico (partito comunista Vibo Valentia), anni 61, Pizzo 13-07-2016.

persona diciamo con una maggiore importanza e responsabilità era il *ràis*, detto *caparrasu* (stava infatti sulla barca nominata appunto *caparrasu*), guadagnava di più degli altri, era il più esperto, alto conoscitore della vita dei tonni[53]. Egli responsabile del passaggio dei tonni e della quantità dei tonni nelle camere. Se il capo *ràis*, perciò, tagliava la gettata della tonnara, perché avrebbe dovuto gettarla nel passaggio dei tonni che fossero venuti, si sarebbe persa l'annata, il che significava che migliaia di persone sarebbero morte di fame per un anno. Dunque, al *ràis*

---

[53]Intervista a: Giuseppe Esposito (mio padre), insegnante di ed. tecnica, anni 69, Pizzo 15-07-2016.

era data la capacità di scrutare i fondali del

mare e di conoscere i tempi dei trasferimenti

dei tonni, per cui lui era il responsabile delle

sorti di molte famiglie.[54]

Lo Turco racconta che la paga della ciurma di

mare ammontava a 80 lire nel 1945 per

ciascun marinaio, che negli anni '46-'47

salirono a 300 lire. Alla paga si assommavano

20 lire per tonno e 50 lire per ogni pesce spada

pescato, da dividere tra tutta la ciurma. La

paga del rais assommava a 600 lire mensili,

alle quali si aggiungevano, oltre alle quote

---

[54]Intervista a: Giorgio Lo Turco, pittore, anni 80, Pizzo 10-07-2016; Maria Isolabella, casalinga, anni 75, Pizzo 10-07-2016.

sopradette, anche il 50% delle minutaglie pescate. Il resto era diviso in parti uguali tra la ciurma e l'affittuario della tonnara. E' interessante sottolineare come i rapporti economici tra i tonnaroti ed il proprietario assumessero questa forma di compartecipazione al pescato finale, che si aggiungeva al salario base.[55]

Padrone della tonnara era generalmente un nobile il quale nominava un suo luogotenente, il *ràis*; costui, oltre a rappresentare il padrone direttamente sul campo, dirigeva tutte le operazioni della mattanza e a lui si doveva

---

[55]A. Montesanti, *op. cit.*, p.31.

assoluta obbedienza.

Il *ràis* sceglieva due capi guardia (suoi collaboratori fidati) e fra essi il *suttarraisi* (vice-ràis).

Malerba ci informa che «I capi, i proprietari della tonnara erano coloro che investivano economicamente come Cantafio e Callipo, si comportavano cioè come moderne aziende, investendo e mettendo a disposizione mezzi, tonnare, barche e davano così lavoro a tutti»[56]. C'era, quindi un proprietario che metteva la tonnara a mare, e mettere la tonnara a mare

---

[56]Intervista a: Giorgio Lo Turco, pittore, anni 80, Pizzo 10-07-2016; Maria Isolabella, casalinga, anni 75, Pizzo 10-07-2016.

significava avere l'attrezzatura: era un grosso investimento e negli anni '55/'60 operavano le famiglie quali quelle dei Marincola e dei Sardanelli[57].

Dai primi decenni del '900 fino all'ultima mattanza, i *ràis* appartennero tutti alla famiglia Canduci, d'origine siciliana, il capostipite dei quali, Nunzio, giunse nel 1899 in Calabria per calare la tonnara di Pizzo. Alla famiglia dei Canduci molto si deve per la continuazione delle tecniche e dei riti legati a questo tipo di pesca, così come molto si deve

---

[57]Intervista a: Matteo Malerba, politico (partito comunista Vibo Valentia), anni 61, Pizzo 13-07-2016.

ai figli di Nunzio, Giovanni e Francesco, che

dai primi degli anni '20, furono i ràis delle

tonnare di Bivona e di Pizzo, ed al nipote,

Nunzio, ultimo giovane *ràis* calabrese,

quell'epoca della mattanza nel Golfo di Sant'

Eufemia.[58]

2.3 Imbarcazioni

La pesca del tonno con impianti fissi a mare

rese indispensabile la costruzione di

particolari imbarcazioni adatte a svolgere nel

modo più funzionale tale attività. Per la

---

[58]A. Montesanti, *op. cit.*, p.57.

costruzione della maggior parte dei barconi usati nelle tonnare calabresi furono assoldati decine di mastri d'ascia siciliani, i quali trasmisero le loro conoscenze agli artigiani locali.[59]

Ogni tonnara aveva il suo *varcarizzo*, cioè un determinato numero di imbarcazioni, che veniva custodito all'interno della loggia in strutture appositamente costruite.

Nella tonnara erano presenti otto barche:[60] '*a*

---

[59]A. Aliffi e E. Gemelli, *Mastri d'ascia e calafati, la costruzione delle barche*, Messina, Sfameni, 1991.

[60]Intervista a: Matteo Malerba, pescatore e cuoco, anni 71, Pizzo 01-07-2016; Antonio Villella, marinaio, anni 87, Pizzo 03-07-2016; Rosa Isolabella, casalinga, anni 81, Pizzo 03-07-2016.

musciara; *porta nova*; *collunnino*; *arrasu*;
caparrassu; *'a barcaccia*; *'u scieri*; *Santa
Caterina* (il peschereccio più grande).

I tonnaroti avevano un posto ben preciso nelle
barche (le *'musciare*, gli *scieri*, ecc.) e
generalmente prendevano il nome dall'attrezzo
che usavano: *asteri, spitteri, mascaioli,
corchiemmenzuse*, che rispettivamente,
usavano l'*asta*, la *spetta*, la *masca* o il *corcu* e
mmenzu, i quali non sono altro che varietà
diverse di arpioni.

I natanti più noti erano quelli denominati
scieri, forse proprio perché impiegati nella

fase più mitica della pesca del tonno, la *mattanza*; su queste barche prendevano posto i tonnaroti impegnati nella chiusura della camera della morte e nella cattura dei tonni.

Gli *scieri* erano le imbarcazioni più grandi della tonnara, lunghe dai 15 ai 20 metri, con una portata di circa 40 tonnellate. Le barche, proprio perché avevano lo scafo cosparso di pece, erano di colore nero, panciute e con la poppa a specchio quadrato, quasi tronca, per favorirne la portanza e la capacità di carico. Spesso erano presenti in tonnara in due esemplari che, secondo la posizione che assumevano ai lati della camera della morte, si distinguevano in *scieri 'i ponenti* e in *scieri 'i livanti*. Quello *'i ponenti*, era chiamato pure *caparrasu* o *colunnitu*[61], perché in esso prendeva posto il *rais*, ed era appunto posizionato a ponente della camera della morte, con il fondamentale compito di reggere *'u coppu*, che, alzato al canto della *levata*, consentiva di restringere la camera della morte. Entrambi gli scieri erano dotatati di un corridoio sul fianco interno, detto *'a mangiatoia* oppure *'u stiratu*[62],dove prendevano posto i marinai incaricati d'issare i

[61]D. Donato, *La fine di un'epoca e di un'epopea, in Le tonnare di Pizzo*, Soveria Mannelli, Qualecultura/Jaka Book, 1991.

[62]R. Sisci, *Le barche tradizionali in Sicilia*, Messina, Sfameri, 1991.

tonni sulla barca, di un grosso argano e di una grossa carrucola in legno, detta *cane*, per l'alaggio dei cavi di superficie. Due esemplari di questo tipo di imbarcazione sono oggi custoditi in buone condizioni all'interno della loggia della tonnara di Bivona, insieme ad una terza imbarcazione, che presenta le stesse caratteristiche delle precedenti, ma è di qualche metro più corta e con il fondo un pò più ampio, ed era utilizzata per il trasporto delle reti, dei cordami e delle ancore necessarie alla *calata*. Anche quest'ultima barca era fornita di un argano a prua e spesso veniva affiancata agli *scieri* durante il sollevamento delle reti della *camera della morte*. Il *varcarizzo* era costituito anche dalle *musciare*, veloci barche a remi con due punte, usate in quasi tutte le fasi della tonnara a mare: a volte vi prendeva posto il *rais* nei suoi spostamenti, o veniva usata per trasportare i galleggianti di sughero per i cavi di superficie, o era posta al centro della camera della morte per guidare le operazioni di cattura.

Sugli *scieri* spesso si montavano le *cabbane*, (termine arabo con il quale vengono indicate le tende a capanna) o '*a tinda*, tende che servivano a proteggere gli uomini dal sole, dalla pioggia o dall'umidità notturna. Un'altra imbarcazione utilizzata era '*a vinturera,* adibita al trasporto degli uomini dalla terra al mare e viceversa, oltre che all'esplorazione e al controllo delle reti, vi era infine il *rimorchio* o *rimorchiatore*, utilizzato per il traino dei grossi barconi fino al punto della calata della tonnara.

L'ultimo rimorchiatore a motore, il diesel *Caterina*, dal nome della nobildonna Caterina Gagliardi, coerede della tonnara di Bivona, utilizzato nelle tonnare di Bivona e di Pizzo, che sostituì il vecchio rimorchio a vela usato fino agli anni trenta, è tutt'oggi custodito all'interno della loggia di Bivona.

E' importante sottolineare come il *varcarizzo* oggi conservato nella tonnara di Bivona. utilizzato anche nelle calate delle ultime tonnare di Pizzo e dell'Angitola, rappresenti un vero e proprio patrimonio, un "pezzo unico", esempio di maestria degli ingegnosi mastri d'ascia e calafati, con almeno cento anni di pesca ciascuno: essi sono oggi l'ultima testimonianza visibile di quella che è stata la grande flotta delle tonnare italiane, ormai interamente distrutta dall'incuria e dal disinteresse.

2.4 Religione

L'attività della tonnara e i lavori ad essa connessi erano accompagnati da riti e preghiere: ogni mattina si svolgeva la funzione religiosa, e in ogni barca e in ogni locale non mancavano croci, santini e oggetti di culto. Il rapporto dei pescatori con la divinità era diretto e immediato, non c 'era momento della vita e del lavoro nella tonnara che non fosse regolato da un gesto liturgico. Una sequela di benedizioni scandiva l'intera giornata: da quella mattutina, in chiesa, a quella in spiaggia per benedire il mare, le barche e i pescatori, fino a quella del ringraziamento serale per la buona pesca e per i pericoli superati, grazie alla bontà di Dio. È interessante notare che il primo e grosso tonno veniva regalato ai Padri Minimi del convento di San Francesco di Paola (protettore dei pescatori) per ringraziarlo per la buona annata[63] e Lo Turco ricorda infatti la statua di San Francesco era portata *a pizza punti* (il lungomare della marina a forma di punta) dove osservava la pesca del tonno[64]. Malerba aggiunge che era emozionante vedere tutta la gente del paese accorrere. Tutto popolo di

---

[63]Cfr. appendice 3.

[64]Intervista a: Giorgio Lo Turco, pittore, anni 80, Pizzo 10-07-2016; Maria Isolabella, casalinga, anni 75, Pizzo 10-07-2016.

Pizzo veniva avvisato del buon risultato della pesca da una bandiera issata su una barca, e subito era festa: le campane della chiesa suonavano e al convento di San Francesco veniva dato il primo e grosso tonno come segno di gratitudine.[65]

Quando la pesca del tonnara era abbondante, il paese era in festa: l'enorme quantità dei tonni pescati, rappresentavano una vera provvidenza per l'economia del paese. Il senso profondo di questa realtà lo troviamo racchiuso in una

---

[65]Intervista a: Matteo Malerba, pescatore e cuoco, anni 71, Pizzo 01-07-2016; Antonio Villella, marinaio, anni 87, Pizzo 03-07-2016; Rosa Isolabella, casalinga, anni 81, Pizzo 03-07-2016.

vecchia nenia marinara:[66]

"Si bboli Dio cu sta tunnàrandi

La facìmu la nova buttunèra

Si ndì veni minu la tunnàra,

minundi veni la nova buttunèra".

Nella parola *buttunèra* il popolo marinaro condensava una serie di necessità, come un vestito nuovo, la dote della figlia prossima a nozze o semplicemente un pasto assicurato per

---

la famiglia. Quando la tonnara non pescava, si portava la statua del Santo in processione fino alla Marina e la si collocava in modo che avesse la faccia rivolta verso mare, così da benedire la tonnara, mentre i tonnaroti gridavano ad alta voce *San Mbranciscu aza la pala*. Nel pennone della barca *usceri* venivano legati una palma e un ramoscello di ulivo preventivamente benedetti. I padri minimi del convento di Pizzo, ancora oggi vengono chiamati dai pescatori a benedire tutte le barche di nuova costruzione; essi si recano direttamente nei borghi della *Seggiola* e della *Marina* con l'acqua benedetta e, dopo aver recitato una preghiera, lasciano al proprietario dell'imbarcazione un'immaginetta del Santo e un cordoncino di colore nero, che i pescatori legano alla barca.

Nonostante il patrono di Pizzo sia San Giorgio, il Santo più venerato, quello percepito dai cittadini come più vicino è San Francesco di Paola, patrono della gente di mare.

Un tempo sul pedale della tonnara erano messe *i parmari*, due croci di legno a cui i tonnaroti attaccavano delle immagini sacre: queste dovevano servire a tenere proprio come due robuste braccia umane il pedale sospeso sull'acqua. Più immagini si attaccavano più forza si dava *ai parmari*.

Nel 1651 i marinai e i pescatori di Pizzo fondarono la chiesa del Purgatorio. Essi si costituirono in una pia associazione a scopo religioso e benefico e ancora oggi l'arciconfraternita di Maria S.S. delle Grazie è composta prevalentemente da marinai e pescatori. Nella sacrestia della suddetta chiesa si trovano numerose offerte votive, per lo più quadri che rappresentano scampati nubifragi e modellini di bastimenti dati dai pescatori alla chiesa P.G.R. (per grazia ricevuta).[67]

Il legame tra i pescatori e la religione era forte ma come in tutte le cose a volte si mischiava il sacro con il profano. Alcuni riti dei pescatori, infatti, si riallacciano alla magia, alla superstizione, come ad esempio il rito *d 'u mbattùni*. Quando il mare era calmo ed il tempo segnalava bonaccia, difficilmente la tonnara pescava ed allora i marinai, per invocare *nu mbattùni 'i vendu* (un po' di vento) e il mare crespo (a Pizzo è ancora uso chiamare questo fenomeno meteorologico *tembi 'i tunnara*), eseguivano il cosiddetto rito

---

dei *mbattuni* o dei *cornuti*: due marinai si recavano sulla barca denominata *usceri* e lì, ben nascosti, non visti da nessuno, annodavano un pezzetto di corda. Mentre il primo annodava, l'altro con una mazza di legno, dava un colpo su ogni nodo, non prima, però, di aver pronunciato il nome di un notabile del paese; fatto il primo nodo, si gridava: *contro il barone Nicolini; mina a 'stucornutu!* , e giù una mazzata e tante bestemmie seguite da altre parole, *contro Don Peppinu Conza, mina a 'sto cornutu* e così via. Alla fine si infilavano nella corda un chiodo ed un fiammifero e, legato il tutto ad una pietra, si buttavano in mare dal lato nord della tonnara.

Il rito probabilmente trova spiegazione nello scontro tra due realtà, quella povera dei pescatori che per portare a casa un tozzo di pane dovevano sottostare anche agli imprevisti metereologici, e il mondo dei ricchi, sulle cui tavole in ogni caso e con ogni tempo, pioggia, vento, sole, non mancavano mai le più gustose pietanze.[68]

---

[68]*Idem,* pp.79-80.

2.5 Proverbi

I pescatori di Pizzo sono esperti meteorologi.
Luna, sole, stelle, nuvole, movimenti del
mare, soffi del vento e tutto quello che può
interessare la meteorologia nel golfo di Sant'
Eufemia, non hanno segreti per i pescatori
pizzitani. Oltre ai borghi della Marina e della
Seggiola, l'osservatorio meteorologico dei
pescatori di Pizzo è *'U Spundùni*, un terrazzo
che dalla piazza di Pizzo si affaccia sul mare.
Qui si riunisce la gente di mare per scrutare il
cielo e trarne i pronostici della giornata, si
scambiano idee e si consigliano.

Riguardo ai temporali che durante l'anno si abbattono nella zona di Pizzo, i pescatori hanno dato nomi particolari, ad esempio, *Quandu lamba o Citràruricogghjiti o pagghjàru*, significando che quando c'era tempo cattivo, con *troni* e *lambi* , cioè con tuoni e fulmini, si usava recitare la seguente canzone-preghiera a Santa Barbara:

Santa Barbara, affaccia affaccia can gisugnu

tri curtelli: unu di l'acqua, unu d' ù focu, uno

d' ù ventu.

Santa Barbara fa bon tembu.

Santa Barbara non rumabàricà li porti sugnu

a perti, li candili su appicciati,

Santa Barbara non rumabàti.

Un altro tipo di temporale è *‘A bafàgna,* che può essere forte oppure leggero e può arrivare con qualsiasi vento e si presenta inizialmente in diversi punti del cielo, delle nuvole che non danno sospetto ma alla fine, il tempo cambia. *‘A Tropìna,* invece, come la *bafàgna* può arrivare da qualunque punto cardinale. Col dominio del maestrale si accumulano densi nuvoloni, bianchi nella parte alta e neri in basso. Si alternano poi, lampi e tuoni frequenti. Si possono formare anche delle trombe marine. Una *tropìna* può durare mezz'ora o poco più. Il periodo in cui questo fenomeno avviene è compreso da luglio a settembre. Quest'ultimo mese è ritenuto la "mamma" delle "tropine", a settembre infatti esse sono molto più frequenti rispetto agli altri mesi.

Secondo i pescatori la forma e la compattezza delle nuvole, indicano se il tempo sarà buono o cattivo. Al mattino, quando si vede su tutto l'orizzonte, una cinta di nuvolette bianche fra loro lontane, è segno di buon tempo. Quando invece sulle montagne alle spalle di Pizzo si notano delle nuvole bianche, di forte intensità, è l'inizio di vento di terra e vengono dette *cuttunèju*. Se nel cielo si addensano delle nuvole a punta, simili ad un pesce, è segno di maltempo, e vengono dette *pisciùni*, mentre, quando si notano delle nuvole sfilacciate, è segno di vento forte, e vengono chiamate in gergo *capìji 'i vecchja*.

I pescatori di Pizzo anche dall'osservazione del sole traggono presagi meteorologici. Infatti, se al tramonto esso si presenta rosso, il cielo terso, ciò, è segno che il giorno seguente sarà buon tempo: *Russu di sira bon tembu a matìna*. Sarà anche buon tempo quando il disco solare, al tramonto, si mostrerà lucido, in un'atmosfera chiara, mentre, se tramonta dietro uno strato di nuvole scure, il pronostico è contrario: *'U suli si curcàu 'nd o saccu.* Infine, quando il sole fa capolino fra le nuvole ed i suoi raggi sono pallidi, bisogna aspettarsi cattivo tempo: *Suli jàngu bafàgna o candu.*

Anche la luna è oggetto di speciali osservazioni. Essa è considerata quasi come essere vivente e nelle sue asperità i pescatori credono di distinguere occhi, naso e bocca. Alle volte, mediante i vapori, sembra formarsi intorno ad essa un ampio alone, segno che spirerà un vento forte oppure che verrà un temporale, per cui il proverbio avverte: *Quandu 'a luna havi l'occhjùarrìu, no ngi' a perdùnamangu a Dio.* Altre volte, succede che intorno alla luna tutta offuscata, si formi un piccolo alone, detto *occhio di pernice* quando il tempo sta per "scaricare" come dicono i marinai ossia sarà cattivo tempo: *Quandu 'a luna havi l'occhju 'i pernici o chjòvi o fa libici.*

Quando la luna si trova al suo primo quarto o presenta la gobba in giù e le corna in alto, in modo da dare l'idea di una barca che naviga nel cielo, il tempo, allora, sarà piovoso. Si

dice pure *luna a barchetta marinaru allerta*.
Nelle notti in cui le stelle tremolano ed il cielo
è sereno, il tempo è prossimo a mutare. Se le
stelle cadenti partono da ponente si aspetta il
vento da levante e viceversa.

Alcuni giorni il tempo si presenta incerto, la
gente avverte mal di testa, gli si chiudono da
soli: questo tipo di tempo anomalo viene detto
dai pescatori *strangatùra*. Quando nel mare vi
sono piccole onde, con la schiuma bianca da
sembrare tanti gabbiani, si dice *'U mari
palumbija*.

Quando questo fenomeno è più marcato, è

detto dai pescatori *'a varba 'i San Giuseppì.*

Nella zona della foce del fiume Angitola si verifica uno strano fenomeno. Dal mare evapora la salsedine, simile ad una piccola nebbiolina freddissima, che i pescatori chiamano *'a vaccarèja.* Si dice: *megghju 'u fai 'nazitèjaca mu provi 'u friddu d' a vaccarèja* (meglio sopportare i dolori da parto piuttosto che il freddo di questo vento). Col nome di *rema* viene indicata la corrente marina che va così distinta: *rema 'igorfu,* quando questa proviene da E.N.E. (est-nord-est), lato Lamezia; *rema 'i faru,* quando proviene dallo stretto di Messina. *Remia,* in particolare è la corrente debole. La corrente di maggiore intensità prende, invece, il nome di *capu d'acqua lavàta*.[69]

La tromba marina è conosciuta col nome di *cudarrattu* (coda di topo), perché simile alla coda di un topo. Essa è stata sempre vista come un fenomeno mitologico ed essendo capace di produrre disastri, i pescatori, ma soprattutto le loro donne, hanno imparato a "tagliarla", ossia distruggerla, recitando una formula speciale che trasmettono fra loro soltanto durante la notte di Natale, in chiesa, nel momento in cui il sacerdote consacra le

---

[69]*Idem,* pp. 55-56-57-58.

specie. Abbiamo trovato enorme difficoltà nel farci rivelare il segreto della formula, perché superstizione vuole che, confidarla nel momento e nel luogo sbagliato, porti *malagùriu*.

Un'anziana donna del rione Marina, sola e ormai avanti negli anni (senza niente da perdere, dunque), persuasa anche dallo scopo per il quale veniva da noi interrogata, ci ha confidato la formula da lei usata:[70]

Padri Figghju e SpirituSandu.

A Nomi 'i Maria Sandissima

---

[70]*Ibidem*, p. 59.

e d' u Padri Onnipotendi

d' i vìsciari chi nescìsti

trasitìndi.

Menzanbundu, menzangelu,

io ti tagghju, cà non ndi

pozzu fari a menu.

CAPITOLO 3

ARTE CULINARIA

3.1 Lavorazione e conservazione del tonno

Come le tecniche di pesca, anche quelle di conservazione non hanno subito variazioni di grande rilievo dal tempo dei fenici. Il tonno era consumato fresco, venduto a tranci al mercato, conservato sotto sale o in salamoia.

Gli scavi archeologici hanno portato alla luce, pressochè ovunque, degli insediamenti spesso considerevoli di impianti di salagione ed essiccatoi di pesce, che adottavano già tre processi di fabbricazione: essicazione semplice all'aria e al sole, macerazione nel sale seguita da una leggera affumicatura e marinatura in acqua salata prima della chiusura in anfore sigillate.[71] Un'anfora punica rinvenuta a Corinto, contenente pezzi di tonno risalente al V secolo a.C., in aggiunta ad alcune anfore recuperate in relitti di navi nel Mediterraneo, conferma la pratica di conservare il pesce sotto sale. Ottolenghi e Cerasi scrivono che nel I secolo d.C. in tutte le baie e le isole dell'Andalusia e dell'Algarve si pescavano grandi tonni rossi che continuano

---

[71]A. Naucrati, *I deipnosofisti: i dotti a banchetto*, vol. II, Roma, Salerno, 2001, p.110.

ad essere conservati secondo le modalità messe a punto dai Fenici.[72] Plinio ci informa quali fossero i tagli più pregiati: «Si chiama cordila il piccolo, il quale in autunno accompagna le madri che si sono sgravate, al momento del loro ritorno nel grande mare; cominciano a chiamarsi limosi o, dal nome greco del fango, palamite, e quando hanno superato un anno, tonni. Tagliati a pezzi, sono pregiati per la cervice e l'addome, ed anche per la clavicola, purché siano freschi: ed anche in tal caso provocano forti rutti. Tutto il resto

---

[72]F. Ottolenghi e S. Cerasi, *Il Tonno Rosso nel Mediterraneo. Biologia, Pesca, Allevamento e Gestione*, Roma, Unimar, 2008, pp. 36-37.

si conserva sotto forma di pietanze salate. Melandri si chiamano i pezzi simili ad assicelle di quercia. Le parti di minor valore sono quelle più vicino alla coda, perché sono prive di grasso; le più apprezzate sono quelle più vicine alla gola. Ma in un altro pesce le parti più ricercate sono quelle intorno alla coda. Le palamite, tagliate in pezzi scelti e membro per membro, si ripartiscono secondo tipi diversi di pezzi cubici di polpa salata».[73]

---

[73] «Thynni mares sub ventre non habent pinnam, intrant e magno mari Pontum verno tempore gregatim, nec alibi fetificant, cordyla appellatur partus, qui fetas redeuntes in mare autumno comitatur; limosae vero aut e luto pelamydes incipiunt vocari et, cum annuum excessere tempus, thynni, hi membratim caesi cervice et abdomine commendantur atque clidio, recenti dumtaxat et tum quoque gravi ructu,

Platone il Comico, nella commedia il Faone, rappresentata nel 391 a.C., scriveva che il tonno era una pietanza grandemente *apprezzata* e sembra che i Greci lo considerassero un cibo con notevoli proprietà afrodisiache. In altri scritti della letteratura Greca, il tonno è menzionato come una prelibatezza[74]: quello fresco era spesso consumato arrostito e servito con olio e salsa

cetera parte plenis pulpamentis sale adservantur, melandrya vocantur quercus assulis similia, vilissima ex his quae caudae proxima, quia pingui carent, probatissima quae faucibus, at in alio pisce circa caudam exercitatissima, pelamydes in apolectos particulatimque consectae in genera cybiorum dispertiuntur».
Plinio, NaturalisHistoria, Libro IX, 47 - 48 wikisource.org. «NaturalisHistoria/Liber IX.» Giugno 25, 2013, http://la.wikisource.org/wiki/Naturalis_Historia/Liber_IX.
[74]Ipponatte e Ananio, entrambi del VI secolo a.C.

piccante, quello conservato era probabilmente destinato ai soldati in spedizione.[75]

Interessanti gli scritti del Griselini sul modo di conservare il tonno: una volta ucciso, i pescatori lo sventrano senza perder tempo e, dopo averlo tagliato a pezzi, lo fanno arrostire su gran gratticci di ferro, e lo friggono nell'olio. Fatta questa prima operazione, lo stagionano con sale, olio, garofano, foglie d'alloro ed altro, come abbiam detto farsi di sopra per ogni forte di pesce rosso. Quindi, lo mettono in barili con nuovo olio di oliva ed

---

aceto.[76]

Sevoulle ci informa che in Sicilia le piazze erano sempre abbondanti di pesce di ogni specie, ed il commercio delle sarde e del tonno salato produceva loro moltissimo guadagno, e se il tonno avesse saputo accomodarsi all'olio com'era solito fare nel mezzodì della Francia, avrebbero ricavato un maggior profitto. Il modo per farlo era il seguente:

«Si prende il tonno tagliato a fette di una mediocre grandezza, meno che la testa e la

---

[76]F. Griselini, *Dizionario delle arti e dei mestieri*, volume 12, Venezia, Fenzo, 1769, p. 220.

ventresca, si lavi bene dentro l'acqua; si mette

a bollire più di un'ora dentro un'acqua satura

di sale, si previene che quanto è più forte la

salamoia, tanto più lungo tempo si conserverà

il tonno; dopo si leva e se ne tolgono tutte le

spine, e la pelle; tenendolo per un paio di

giorni ad una corrente di aria asciutta per

togliergli l'umido che lo farebbe guastare se

ve ne rimanesse. Quando è asciutto bene, con

un coltello tagliente se gli leva quel poco di

giallo di cui si è coperta la superficie, indi si

pone destramente nei vasi di vetro, o dentro

un vaso bene inverniciato, di poi vi si versa

sopra dell'olio finissimo, in modo che il tonno

resti interamente coperto da questo altrimenti il contatto dell'aria gli recherebbe del rancido».[77]

Infine Pomponio precisa che il tonno si tagliava a tranci e le parti più apprezzate erano la cervice e l'addome.[78]

All'inizio del XVIII secolo il tonno sott'olio compare tra le merci commercializzate dai Genovesi e all'inizio del XIX secolo barili di olio ligure erano inviati in Sardegna per essere impiegati in questo tipo di preparazione del

---

[77]G. Sevoulle, *Pensieri intorno ai prodotti del suolo e dell'industria*, Napoli, Gio Battista Seguin, 1834, pp.111-113.
[78]F. Angeli, *Pesci, barche, pescatori nell'area mediterranea dal medioevo all'età contemporanea*, Milano, Valdo D'Arlenzo e Biagio di Salvia, 2010.

tonno. Le tonnare sarde divennero più fiorenti negli ultimi decenni del Settecento e l'aumentata produttività di tali aree in questo periodo storico fu probabilmente dovuta al terremoto di Lisbona del 1755, così forte da produrre modificazioni nella costa africana e un conseguente accumulo di sabbia e detriti in quella spagnola, modificando così, per un certo periodo, la conformazione dei fondali, rendendoli non idonei alla pesca e favorendo quindi le tonnare sarde.[79]

Proprio nel XVII secolo Nicolhas Appert sperimentò e diede il via ad un nuovo sistema

---

[79]S. Torre, *op. cit.*, pp. 72-73.

di conservazione, chiamato appunto «appertizzazione»: si tratta di un procedimento che attraverso una doppia sterilizzazione e tappatura ermetica, allora in contenitori in vetro, rendeva gli alimenti consumabili in modo sicuro anche a distanza di molto tempo, senza, a differenza di salagione e affumicatura, alterarne i sapori. Il primo ad approfittare delle notevoli potenzialità di questo procedimento fu Napoleone Bonaparte, che lo utilizzò per sfamare le sue truppe impiegate nella campagna Russa.[80] L'appertizzazione fu poi

---

[80] *Ibidem*, p. 50.

perfezionata dall'inglese Peter Durand il quale introdusse come contenitore le latte di metallo. Furono poi Dorkin e Hall a dare inizio alla produzione in scala industriale di cibo confezionato con questo metodo, diventando fornitori di alimenti conservati per l'esercito e la Marina inglese.

Poco dopo, furono i Genovesi ad intuire le potenzialità di questo sistema e ad applicarlo alla conservazione del tonno, che divenne subito largamente utilizzato nelle numerose tonnare da essi controllate in Nord Africa, Spagna, Portogallo e Italia. Stessa intuizione ebbe Vincenzo Florio che applicò la medesima tecnica nel suo rinomato stabilimento siciliano ottenendone grande impulso commerciale e aprendosi così al mercato internazionale. Ciò contribuì alla diffusione di un nuovo prodotto che prenderà piede e si diffonderà in tutto il mondo: il tonno sott'olio in scatola.

Il siciliano Archestrato di Gela[81], autore di un poema intitolato *Hedypàtheia* ("Le delizie della vita" oppure meglio "Il piacere del gusto"), composta intorno al 330 a. C., una vera e propria guida gastronomica frutto di osservazione diretta, riservava al tonno

---

[81] IV sec a. C.

particolare attenzione illustrando i migliori luoghi per pescarlo e le più appropriate maniere per cucinarlo. Questa è una delle sue ricette riportate da Ateneo[82]: «Procurati una coda di tonnina, quella grossa, intendo, che Bisanzio ha per madrepatria. E poi falla a pezzi e arrostiscila per bene, tutta quanta, basta cospargerla di sale fino e condirla con olio. Mangia dei pezzi ancora caldi, da intingere in salsa di pesce piccante ma anche asciutti, se così li vuoi consumare, sono squisiti; per figura e aspetto sono simili agli dei immortali. Ma se li servi spruzzati di

---

[82]A. Naucrati, *op. cit.*, p.110.

aceto, sono rovinati; a fianco metti qualche cappero spezzettato, e se desideri ancora più sapore aggiungi dell'aceto forte; fallo assorbire bene, e poi mangia in fretta, senza paura di soffocarti per troppo zelo. La parte rimanente del pesce andrebbe infornata».[83]

La tonnina (*thynnìs*) è la femmina del tonno, e si distingue dal maschio per la pinnula che mostra sotto il ventre. Le parti migliore consigliate da Archestrato erano la coda, *curidda*, e la ventresca, ma gli antichi, che non scartavano nulla di ciò che era commestibile,

---

[83]Ateneo, 327, d
http://www.academia.edu/18753417/Alimentazione_e_gastron
omia_nell_antica_Grecia_tanto_pesce_poca_carne.

apprezzavano anche le cosiddette *clavicole* e i *tracchi*, cioè le branchie, che ancora oggi alcuni buongustai sanno apprezzare arrostite o cotte in stufato a fuoco lento e con vari condimenti. Sempre a proposito del tonno, Archestrato consigliava di gustare il tonno siciliano "al tempo del taglio per essere salato e messo in giare". In suo frammento afferma anche che, nella nobile Sicilia, presso il capo di Cefalù, passavano tonni molto migliori di quelli pescati a Bisanzio e a Caristo, città dell'isola di Eubea.

Tuttavia, è, Ateneo, scrittore greco, nonché grande amatore di tonni, ad averci lasciato la ricetta della *tinnia*, il tonno femmina, in salamoia: «Per lo più lo si pesca nelle acque di Bisanzio. Se ne prende una con la coda grande. La si taglia a fette, la si arrostisce completamente, la si unge con poche gocce d'olio, la si ammolla in salamoia. Si può mangiare anche senza salsa. È un piatto eccellente da imbandire anche agli dèi. Per favore non innaffiatela con aceto, perderebbe tutte le sue qualità». Infine l'autore ci informa sulla sua ricetta preferita ovvero quella per cucinare la *palmita* (giovane tonno di meno di un anno): «Avvolgila in foglie di fico che liscerai dall'alto con un giunco, e accontentati

di questo, senza formaggio né altra bagattella,
mettila poi sotto la cenere ben calda, facendo
attenzione al tempo di cottura necessario
avendo cura di non farla bruciare».[84] Sono
continue le insistenze di Ateneo per una
cucina naturale e genuina, in cui la fanno da
padrone gli ingredienti di pregio (come pesci
rari, freschissimi e costosi), una cucina, cioè,
che prevede pochi e semplici condimenti che
non coprano assolutamente il profumo e il
gusto della componente base del piatto: solo
olio, sale e, quando occorre, aceto.[85] Ateneo in

---

[84]A. Naucrati, *op. cit.*, p.11.

[85]È da sottolineare che gli antichi non ebbero il limone prima di

un passo proverbiale rivolto all'amico Mosco, destinatario ideale del suo poema didascalico, vuole anche insegnare il modo di gustare il pesce: «Se tu, caro Mosco, insisti di voler conoscere il modo migliore di condire il tonno, avvolgilo in foglie di fico con la maggiorana, non troppa. Niente formaggio, non diciamo assurdità! Avvolgilo semplicemente in foglie di fico, e legalo in punta; lascialo sulla brace e rifletti bene sul tempo di cottura, finchè sia cotto senza bruciare. Fai in modo che arrivi dall'amabile

---

una certa epoca, e, quando lo ebbero, lo usarono principalmente contro le tarme o come antidoto ai morsi dei serpenti. Non passò mai loro per la mente che esso potesse avere anche un uso alimentare e erbe aromatiche.

Bisanzio, se desideri il meglio, ma anche se sarà pescato qui intorno, avrai un ottimo ingrediente»[86].

Anche per i Romani il tonno era un cibo prelibato e ce lo confermano Marziale[87], Apicio[88], e Orazio[89]. In quasi tutti gli stabilimenti adibiti alla salagione del tonno, si produceva anche il *garum*. Si trattava di una salsa composta da scarti, interiora e sangue di tonno che, mescolati insieme ed

---

[86]Ateneo,4a

http://www.academia.edu/Alimentazione_e_gastronomia_nell'
_antica_Grecia_tanto_pesce_poca_carne.

[87]40-104 d.C.

[88]25 a.C. - 37 d. C.

[89]Satira IV del libro II, 65 - 8 a. C.

abbondantemente salati, davano origine ad un denso liquame, che era lasciato a macerare in vasche chiamate *taricheiai* dai Greci e *cetariae* dai Romani, al sole per circa due mesi. Se il sole non fosse stato sufficiente, si provvedeva a riscaldarlo artificialmente. La sostanza così ottenuta subiva un filtraggio che dava origine al prodotto finito, che poteva essere di diverse qualità. Il *garum* era consumato in diverse varianti: condito con vino, olio, aceto o acqua e speziato in vari modi, sia durante che dopo la lavorazione.

Bartolomeo Scappi, cuoco delle cucine vaticane e di Papa Pio V, universalmente riconosciuto come uno dei grandi maestri della cucina rinascimentale, nel suo trattato di cucina ci descrive il tonno come un pesce di statura grossa e tonda, coperto da una cotica che ha del grigio scuro. La sua carne è rossiccia, va più allo scuro che ad altro colore e, quando è cotta, si apre a forma di foglia. Aggiunge poi che il tonno si fa tonnina e dalla tonnina si fa tonnarello, nome derivato dalla città di Taranto nella quale vi era una produzione abbondante. La sua stagione comincia a partire dal mese di Maggio e dura per tutto l'autunno, a Roma, invece, ce n'è abbondanza anche in altri periodi.[90]

Scappi scriveva su come si preparava la testa del tonno: «Si prende la testa del tonno e si taglia come si fa a Roma con un palmo di busto e soprattutto sia fresca altrimenti non si potrebbe godere avendo il più orrendo odore che qualunque testa di altro pesce, e, per questa ragione, dev'essere cotta con vino, aceto, sale, acqua e spezie pestate, e dev'essere servita più fredda che calda. Con essa, si richiede di abbinarla per sapore, mostarda forte; in questo modo si può cuocere

---

[90]Terzo Libro dal Cap. XXXIIII al Cap. XXXVIII B. Scappi, *L'arte del cucinare*, Sala Bolognese: Forni, 1981 (Ripr. facs. dell'ed.: Venezia: appresso Michele Tramezzino, 1570), p. 7, p. 111.

anche il resto del busto quando sarà diviso in

più pezzi»[91]. E alla polpa del tonno annotava:

«Perché io credo che la polpa del tonno sia

migliore sottestata e sulla graticola che in altri

modi. Si prendano i pezzi del tonno scorticati

e si facciano stare per due ore immersi in un

composto di aceto, vino bianco molto cotto,

pepe, pitartamo pesto, uno spigolo d'aglio

ammaccato e sale. Si pongano in una tortiera o

tegame nella quale ci sia olio di olive dolci, i

pezzi alti massimo due dita e dal peso di sei

libbre l'uno (2,7 kg), si faccia cuocere come le

torte con il fuoco sotto e sopra, e, come i pezzi

---

[91]*Ibidem,* p. 111.

saranno quasi cotti, si aggiunga un poco del composto nel quale sono stati, e quando saranno cotti si servano con il suo sapore sopra. I pezzi che saranno arrostiti sulla graticola, saranno della stessa grandezza e altezza, e si spolverizzano di sale, fiori di finocchio e pepe, e si porranno in un vaso contenente dell'olio per un'ora, dopodiché si faranno cuocere sulla graticola nello stesso modo in cui si cuociono i pezzi di storione; poi si servano caldi con il loro stesso condimento»[92].

Per gli altri pezzi di tonno proponeva la

---

[92] *Ibidem*, p. 111.

seguente ricetta: «Si prendano pezzi di tonno scorticati di 6 libbre l'uno e si pongano in un tegame o tortiera sparsa di prugne secche e cipollette battute, con olio, vino bianco, agresto, pepe, cannella, garofani, sale quanto basta, un poco d'acqua tinta di zafferano e si facciano finire di cuocere con fuoco sotto e sopra, nello stesso modo in cui si fanno cuocere le torte e si servano caldi con il loro stesso brodo sopra. Nello stesso modo, si preparano le polpette piene e vuote fatte di polpa di tonno»[93].

Scappi nel suo trattato suggeriva anche i

____

[93] *Ibidem*, p. 112.

polpettoni di tonno: «Essendo la carne del tonno molto più rossa di tutti gli altri pesci, per il qual rossore somiglia molto alla carne, avviene che si fanno anche polpettoni oltre alle altre vivande sopraddette. Si prenda dunque la parte più magra e si taglino polpettoni lunghi un palmo e grossi un dito, si diano quattro o cinque botte per ciascuno con la costa del coltello e si spolverizzino di fior di finocchio e sale, e si abbia una composizione fatta della pancia che è la parte più grossa del tonno e tarantello salato per 1/3 della pancia, si battano insieme l'una con l'altra come la salsiccia, si aggiungano erbette odorifere, e, se sarà giorno che non sia vigilia, al posto del tarantello si mettano cascio grattato e rossi d'uova crudi con pepe, cannella, garofani, noci moscate, zafferano, e se si vorrà, mettere aglio. Si riempiano i polpettoni con la detta composizione e si facciano cuocere nello spiedo bagnandoli alle volte d'aglio, e con agresto mescolato con mosto cotto, e come saranno cotti si servano caldi con il suo sapore sopra. Della detta polpa del tonno si fanno tutte quelle vivande che si fanno dello storione, e similmente degli interiori, eccetto il caviale che non si può fare dalle sue uova»[94].

Vincenzo Cervio, trinciante, che oggi chiameremmo *maître*, cioè colui il quale scandiva il tempo del banchetto e porzionava le pietanze di fronte ai commensali del Cardinal Alessandro Farnese, annotava che il tonno solitamente si suoleva servire bollito o che si usava per fare pasticci. La sua carne non era bianca e più magra che grassa. Se il pezzo da servire era grosso e ben cotto, la sua carne sarà talmente dura e soda che potrà facilmente essere trinciata sopra la forcina, se invece era piccolo, che non si possa

____

[94] *Ibidem*, p. 112.

imboccare, lo si lascerà stare nel piatto
facendone di quello le parti, ponendone un
pezzo per tondo, avendo cura di dar sempre la
parte più grassa, che era la migliore[95].

Il cuoco Bartolomeo Stefani[96], al servizio dei

---

[95]M. V. Cervio, *Il trinciante*, Vicenza: Biblioteca internazionale La Vigna, 2009 (Ripr. facs. dell'ed.: Venezia: Alessandro de' Vecchi, 1622.), pp. 32-33.

[96]Le ricche corti italiane si circondavano dei migliori artigiani per celebrare il proprio potere, e Bartolomeo Stefani era uno di questi, nipote di Giulio Cesare Tirelli capocuoco della Repubblica Serenissima di Venezia, noto a tutti i regnanti d'Europa per la maestria e l'abilità.
Bartolomeo Stefani era un cuoco ducale, e quindi tutta la sua scienza era al servizio della corte. All'epoca la suddivisione sociale era netta tra l'élite ricca e la maggior parte della popolazione che viveva in condizioni indigenti. Per un cuoco talentuoso che voleva fare nuovi esperimenti con grandi disponibilità economiche, la corte era l'unico luogo per creare con fantasia, spettacolarità, artificio. Lo stile di cucina era esso stesso gran teatro delle meraviglie e corredo del lustro del signore: doveva stupire al pari delle gallerie ripiene di tesori, dei palazzi principeschi, degli abiti

Gonzaga a Mantova, nel suo trattato di cucina del 1622[97] scriveva che il tonno salato era

---

sontuosi, delle rappresentazioni teatrali mirabolanti, della musica e dei canti soavi. Il "gusto" doveva concorrere alla stessa stregua degli altri quattro sensi.

[97] *L'arte del ben cucinare*, fra i testi più noti della letteratura gastronomica italiana, un manuale didattico e di pronto uso che non insegna solo come ottenere un piatto spiegando l'uso degli ingredienti, ma fornisce una sorta di galateo della buona tavola, consigliando ranghi e ruoli nelle squadre in cucina, proponendo banchetti da intavolare secondo i differenti mesi dell'anno. Esso si propone di dare istruzioni per distinguere ordini, disporre vivande, regalare e adornare piatti ottenendoli sia con generosa spesa che mediocre.

Nella sua opera letteraria Bartolomeo Stefani si muove con larghezza sui mercati del territorio italiano e dimostra di avere una conoscenza geografica-produttiva stupefacente, avvertendo che la "stagionalità" dei prodotti non esiste per "chi ha valorosi destrieri, e in ogni stagione troverà queste cose che io loro propongo".

Ecco la mappa dei mercati e delle loro specialità: Napoli e la Sicilia durante l'inverno producono cedri, limoni, arance, carciofi, asparagi, cavolfiori, fave, così come la riviera di Gaeta, ed è per questo motivo che uguali prodotti si trovano anche a Roma.

conservato in barili e distribuito in tutta Italia ed era migliore rispetto a quello fresco. Dopo averlo dissalato, consigliava di lessarlo con cavoli, al cartoccio, stufato con vino bianco e poco zucchero e con altri ingredienti della stagione. Una volta cotto, si dovevano

Dicesi lo stesso per riviera ligure che serve le città di Firenze, Bologna, Torino, Piacenza, Milano e tutta la Lombardia. D'inverno negli orti nei pressi di Venezia si trovano asparagi bianchi, piselli e carciofi. A Bologna, patria dello Stefani, si reperiscono speciali finocchi cardati, uva passita, olive migliori che in Spagna, mortadelle famose in tutta Italia. Firenze è nota per i salami con l'aglio e per i formaggi marzolini, Piacenza e Lodi sono specializzate nei formaggi. Modena è la patria delle salsicce, Ferrara ha il vanto dei pesci, dei cinghiali e del caviale.

Una gerarchia di prodotti ancora oggi stupefacente, che offre uno spaccato chiaro sulle possibilità di un capocuoco della metà del Seicento.

spremere due limoni, e servirlo caldo.[98]

Carlo Nascia, palermitano, cuoco al gran Ducato di Parma e alla Corte dei Vicerè, nel trattato di cucina annotava che la pancia è buona da mangiare se è stata a mollo e se spesso l'acqua è stata cambiata, e, quando poi bollita con semola o con foglie di verza per farne uno stufato o con pasta fina dei pasticci.[99] Nascia, aggiunge anche che negli stufati si usava aggiungere anche canditi,

---

[98]B. Stefani, *L'arte di ben cucinare*, Sala Bolognese: Forni, stampa 1983 (Ripr. facs. dell'ed.: in Mantova, appresso gli Osanna stampatori ducali, 1662), p. 48.

[99]C. Nascia, *Li quattro banchetti destinati per le quattro stagioni dell'anno*, prefazione e note di Massimo Alberini». - Bologna: Li Causi, 1982 (Ripr. facs. del ms. conservato a Soragna con trascrizione in caratteri tipografici a fronte.), volume 2, pp.411-412 / 502-503.

amarene e spezie. Il tonno lesso era buono con olio, limone e prezzemolo e, se si voleva farne un brodetto, bastava aggiungere acqua, vino e della cipolletta soffritta, prezzemolo, pinoli e altre spezie.

Baldassarre Pisanelli, medico bolognese, offriva numerosissime informazioni sulla natura del tonno e sul suo utilizzo nelle vivande: «Il tonno è detto dai greci e dai latini *Thynnus*. La riproduzione avviene nel mese di Febbraio e partorisce nel sostizio dell'estate, solamente in Ponto e non altrove: in pochi giorni cresce perché tutti i pesci presto crescono e massimamente in Ponto. Quando nasce si chiama Cordilla, poi Limosa, poi Pelamide, e come ha finito l'anno, Tonno. E' crudele perché mangia i propri figliuoli, vede più con l'occhio destro che col sinistro; magia solamente carne e ghiande. Tanto cresce che crepa e non vive se no due anni al più. Della sua carne salata si fa la Tonnina, è Tarantello, e le uova si salano e se ne fanno Bottarghe. Nuota con quella parte dove ha l'occhio buono, verso terra. Il tonno giovane è del mese di Settembre, e si deve prendere la carne magra piuttosto che la grassa. Il suo ventre è grassissimo come quello del maiale ed è molto desiderato nelle tavole. Genera molto

183

escremento, si digerisce tardi, grava lo stomaco. Quando è conservato con sale diventa migliore; fresco si cuoce sulla graticola con aceto, coriandolo, sale e molte spezie; è freddo nel primo grado e umido nel secondo. Non si deve mangiare se non l'autunno, e l'inverno dai giovani, e dai colerici, e da quelle persone che hanno buono stomaco e che fanno molto esercizio»[100].

Francesco Chapusot, nativo di Plombières-les-Dijon, capocuoco di Ralph D'Abercromby ambasciatore d'Inghilterra a Torino dal 1841

---

[100]B. Pisanelli, *Trattato della natura de' cibi et del bere*, Venezia, Alberti, 1586.

al 1851, in un trattato di cucina propone alcune ricette con il tonno seguite, talvolta a fine descrizione, da un commento breve di aggettivi positivi (delizioso, appetitoso, abboccantissimo, eccellente, ecc.) come per consigliare al meglio il lettore la vivanda da lui preferita. Un esempio è il delizioso piatto dei filetti di tonno fritti alla piemontese: «Tagliare in forma di cuore 18 filetti di tonno spessi il dito mignolo, porre spolverati di sale in padella con tre once di burro fuso, 12 once di tartufi neri ben sbucciati e sfaldati sottile, e lasciare soffriggere coperti 20 minuti su fuoco dolce, rivoltandoli perché s'incrostino da ambe le parti. Scolato quindi il burro e supplito con quattro cucchiai di salsa tomatica, fare sobbollire altri cinque minuti, dopodichè, disposti i filetti in giro sul piatto fra crostini di pane foggiati anch'essi a cuore e fritti al burro, vi si versi in mezzo l'intingolo».[101]

Ancora più appetitosa è la frittura di tonno: «Tagliare a cordicelle lunghe quattro dita e grosse il mignolo 24 once di tonno e marinate otto ore almeno in terrina con sale, pepe, il sugo di due limoni e un cucchiaio d'erbe fine,

---

[101]F. Chapusot, *la cucina sana, economica ed elegante*, Torino, Favale, 1846, pp. 102-103.

al punto di recare in tavola, sgocciale, ravvolgile in farina e gettale in olio bollente a friggere sino a velarsi di un bel giallo; sgocciarle di nuovo e servirle bagnate d'una salsa piccante madre».[102]

L'autore consiglia come pietanza abboccantissima il tonno alla *pèrigord*: «Abbi due rocchi di tonno spessi un dito e mezzo ciascuno, e fatto in una teglia un suolo di farcime di pesce, vi si adagi sopra un rocchio del tonno spalmandolo attorno di un buon dito dello stesso farcime. Friggere quindi dieci minuti in tegame 12 once di tartufi neri e

---

fetterelle con un'oncia di burro, sale, noce moscata e qualche ramoscello di timo; e aggiuntovi un bicchierino di rum, dopo due subbugli ancora si versa tutto sul rocchio di tonno, adattandogli l'altro sopra, e coprendo poi tutti di falde di lardo con una spolverata di sale. Chiusa posa la teglia in forno caldo, dopo tre quarti d'ora, tolto il lardo, e steso il tonno sul piatto, inzupparlo di salsa alla Pèrigord, e servire caldo».[103]

Come piatto eccellente suggerisce il tonno alla piemontese: «Abbi in pronto un bel rocchio di tonno di quattro o cinque libbre (di 12 once),

---

[103]*Ibidem*, p. 103.

lardellato coi filetti di 12 alìci (acciughe) e soffritte in tegame a parte sino ad un leggier bronzo 12 belle cipolle a fette sottili con due once d'olio d'oliva, sobbollire poi un'ora con l'aggiunta di una bottiglia di vino di Marsala o bianco o rosso ordinario o secco, una foglia di lauro, un ramoscello di salvia, qualche fungo, un buon pizzico di pepe di Cajenna e sale, vi si ponga dentro il tonno coprendo il tegame di carta e farlo borbottar un'ora. Ritirato quindi il sapore, digrassato e passato per setaccio, aggiuntovi un po' di salsa spagnola, e consumato sul fuoco sino ad una certa colla, si assetta il tonno sul piatto e servire grondante della salsa.[104] Tuttavia dice anche: «Io credo che il miglior modo di apprestare il tonno, benché un po' riscaldante sia il tonno all'italiana: «Fritte un istante in tegame una cipolla spartita per mezzo e una foglia di lauro con tre once di burro fresco, sale e pepe, gettatevi un bel pezzo di tonno dissalato in fretta nell'acqua bollente, e, soffritto questo un dieci minuti, da ambe le parti, aggiungere un bicchier di vino di Marsala o vino bianco secco, e due di sugo o brodo, e lasciare borbottar un'ora e mezzo. Assettato quindi il tonno sul tagliere, sciogliere in una casseruola

---

[104]*Ibidem*, p. 104.

un'oncia di burro con quattro alìci trite, versare sopra, digrassato prima, il sapore del tonno; far sobbollire un istante; spremere un limone, mescolare un po' di prezzemolo trito, e, ben tramenato ogni cosa, spargere il tonno».[105]

Nelle tavole italiane le ricette più comuni descritte sempre dall'autore Chapusot erano il tonno alle «tomatiche», cioè con i pomodori o pomi d'amore: «Preparasi punto per punto come il tonno all'italiana, e, ridotto il sapore a sciroppo e mescolatolo con una buona salsa tomatica, si guarnisce il piatto in giro di

---

[105]*Ibidem,* p. 105.

tomatiche alla provenzale».[106] Un'altra ricetta era il tonno in maionese: «Ventiquattr'once di buon tonno marinato, bollire un istante in una grande casseruola d'acqua, si sgocciolano e si lasciano freddare. Tagliare quindi in fette sottilissime e stese in corona sul piatto, si coprono di una buona maionese preparata con qualche alìce e cetriolo un po' di prezzemolo tritissimo; si circondano di uova dure, e vi si versano in mezzo fagioli verdi e fette di patate cotte all'acqua semplice, intrisi d'olio e aceto sbattuti con salse e noce moscata».[107] Infine, il tonno ai piselli: «Fritte un istante in tegame

---

[106] *Ibidem*, p. 64.
[107] *Ibidem*, p. 104.

quattr'once di piccolo lardo a dadolini, con una cipolla tritissima, vi si arrabbia per un minuto un rocchio di tonno di 24 once, e, aggiuntovi due bicchieri di vino di marsala e altrettanto brodo, dopo un borbottìo di mezz'ora, vi si gettano 12 once di piselli, e si lascia bollir un'altra mezz'ora. Disposto quindi il tonno su di un piatto, stèmprasi nei piselli un'oncia di burro misto con un pugno di farina, e, dopo un tramenìo e un bollor d'un minuto, vèrsasi tutto sul tonno, e si servi fumante».[108]

Lo scrittore lucchese D'Antonio Frugoli ci

[108] *Ibidem*, p. 105.

informa sulle qualità del tonno e di altri pesci in cucina: «Il tonno e il pesce spada sono di una medesima qualità, freddi nel primo grado e umidi nel secondo, e la loro stagione sarà di Maggio per tutto l'autunno, poiché in detto tempo saranno migliori, ma la loro carne è dura da digerire. Il tonno e il pesce spada si potranno accomodare in tutti i modi e vivande che si faranno dello storione e si serviranno come quello, benchè non saranno di tal bontà, e le teste dei sopradetti pesci bisogna cucinarle fresche perché si corrompono facilmente, e si faranno lesse in acqua e aceto con abbastanza sale dentro, con salvia e rosmarino, e si serviranno calde con olio, pepe

e agresta ovvero aceto sopra con diversi sapori

bianchi in tondi. E la pancia del tonno si potrà

salare, qual sarà la miglior parte dei pesci, e se

ne farà tarantello, il quale sarà in tutte le

vivande da magro, e sarà buono in diverse

minestre di legumi, e della schiena del detto

tonno se ne farà tonnina, la qual ancor lei sarà

buona in diverse vivande da magro, dopo che

sarà dissalata alquanto, e del sopradetto

tarantello se ne faranno crostate, con

provature fresche tagliate in fette sottili, dopo

che sarà dissalato, e cotto in mosto cotto e

tagliato sottile come dette provature,

compartite ugualmente con zucchero e cannella abbastanza dentro, con butiro, e in giorno di magro si tramezzerà con zibibbo senz'ossi ovvero con agresta in grani e si condiranno con olio, e si serviranno calde con zucchero sopra. E la carne dei sopradetti pesci, in particolare quella del tonno, si farà stare all'addobbo di aceto forte con spigoletti d'agli ammaccati e salvia con rosmarino dentro, con abbastanza spezie, per rispetto alla durezza e cattivo odore che tiene la carne del detto tonno, dalla testa in fuori e nelle pottaggierie che si faranno si userà il mosto cotto per metà di aceto ovvero di agresta dentro, e si farà arrosto in diversi modi e sottestato, e si servirà con diverse salse sopra, e saranno i migliori modi per cucinarlo».[109]

Bernardoni Giuseppe ci presenta come l'autore Chapusot un'altra versione del tonno all'italiana: «Fritta, in tre once di butirro, una cipolla spaccata in croce insieme ad una foglia di lauro con sale e pepe, mettervi dentro a rosolare un pezzo di tonno, dissalato prima per tre ore nell'acqua bollente o nel latte, e soffritto per dieci minuti da ambe le parti, togliere la cipolla, bagnare il tonno con un

---

[109]A. Frugoli, *Pratica e scalcaria, pianta di delicati frutti*, Roma, Francesco Cavalli, 1638, p.136.

bicchiere di vino di Marsala od altro vino secco e con due bicchieri di acqua salata, e lasciare che vi bolla cheto per un'ora e mezzo. Sciogli intanto a parte in una casseruola un'oncia di butirro con quattro acciughe diliscate e trite, e, quando si saranno disfatte, unire loro il brodo del tonno disgrassato, fallo bollire un istante, spremervi sopra il sugo d'un limone, mescolavi del prezzemolo trito e aspergi di questa salsa il tonno».[110]

Lo stesso autore scriveva sul tonno alla gratella: «Mettere nel latte per tre ore un

[110]G. Bernardoni, *la cucina degli stomachi deboli, ossia pochi piatti non comuni, semplici, economici e di facile digestione*, Milano, Bernardoni, 1858, p.83.

pezzo di tonno salato. Lavarlo poi dal latte e marinalo con olio, pepe, prezzemolo trito e sugo di limone. Dopo due ore di marinatura, avvolgerlo nel pane grattuggiato e farlo cuocere alla gratella a piccol fuoco. Cotto, disponilo sopra il piatto e servirlo con la sua marinatura, aggiungendovi altro sugo di limone»[111].

Giovan Battista Rossetti, al servizio del Signor Don Alfonso d'Este e della suo Signora Madame Lucrezia da Este, Duchessa d'Urbino, proprio in qualità di scalco, cioè di soprintendente alle cucine principesche, nel

---

[111]*Ibidem,* p.85.

1584, dopo quasi trent'anni di servizio, compose un libro di scalcheria per farsi grato al suo Principe o Padrone. Tra le altre cose, nel testo, Rossetti, descrive con estrema precisione i banchetti propiziatori allestiti per festeggiare le nozze tra Alfonso II e Lucrezia Medici. Ci racconta per esempio che, durante il Giorno della Madonna di Marzo, fu festa, per cui furono servite in onore della Madama Lucrezia d'Este (Duchessa di Urbino) varie pietanze tra cui «Favetta menata fritta con cipolline, con pezzo di tonno dissalato sopra, servita a pranzo come secondo, caldo, a otto piatti»[112]. Ci dice poi, che in onore delle Serenissime Altezze, Dame, e Cavalieri, fu organizzata una cena da S. Alfonso Trotto, nella quale furono servite varie pietanze tra cui «Minestra di pinoli con ceci pressati con tonno dissalato, come primo, caldo, con insalate, in sei piatti»[113].

3.2 Il tonno in tavola

La cucina pizzitana con i suoi sapori, colori, odori, le varie spezie e aromi come cannella,

---

[112]G. B. Rossetti, *Dello Scalco*, Firenze, Domenico Mammarello, 1584, pp.186-187.

[113]*Ibidem*, p.195.

chiodi di garofano, noce moscata, origano, finocchietto selvatico e menta, conferiscono ai dolci e alle pietanze a base di pesce, elemento principale di questa cucina, un sapore unico.

Un tempo, le donne pizzitane supplivano con la loro inventiva e il loro estro ad una cucina povera, rendendola, con la loro esperienza, più elaborata, più gustosa e certamente più saporita. A tal proposito, Pacifico scrive che «Il pesce quando è fresco non ha bisogno di particolari accorgimenti, specialmente s'è di scoglio; basta arrostirlo sulla brace e poi fare una bella *agghjàta*, un salsa semplice a base di olio di oliva dei monti calabresi, aglio, origano e sale ed infine accompagnare il tutto con un buon vino zibibbo delle colline pizzitane».[114]

La carne era poco adoperata, ad eccezione della domenica quando era d'obbligo il ragù, mentre il capretto era consumato nel periodo pasquale. In un paese, con una forte tradizione marinara, che affonda le sue radici nell'antica civiltà greca, il pesce è, perciò, l'elemento più usato, quello, cioè, che trova più impiego nella tradizione alimentare e su tutte le specie marine, il tonno è quello che primeggia. Cucinato con arte e in mille modi diversi, è

---

[114]M. Pacifico, *op. cit.*, p.84.

presente nel periodo primaverile su tutte le tavole. A maggio, quando avveniva la mattanza, le viuzze del paese si impregnavano di forti odori e il profumo delle rose, del sermolino si univa a quello dell'aceto e della mentuccia, condimenti usati per annaffiare la trippa di tonno e *a mola* (il pesce luna).

Pochi sanno cucinare e gustare *arroba i tunnara* come i pizzitani. Il tonno, a Pizzo, era come il maiale in montagna: non si buttava via niente, se ne mangiavano cuore, trippa, uova e mola. La carne del tonno era messa sott'olio o salata e non era difficile trovare appesi ai soffitti delle case, invece del salame o del capocollo, *ù vatàracu* cioè le uova del tonno salate e messe sotto pressa o la trippa salata e messa ad essiccare al sole per essere mangiata in inverno.[115]

Ancora oggi a Pizzo è usato il termine *vataracu*, derivazione dal greco *tarychos* per indicare il pesce salato. La cucina pizzitana è molto variegata ed è particolarmente interessante come le donne del posto cucinano il pesce luna chiamato *a' mola* (pesce poco pregiato), il pesce all'olio (*all' ogghju*), linguine con bottarga (*cu vataracu*), ma, soprattutto, pietanze a base di tonno come *ù*

---

[115]*Ibidem,* pp. 51- 85.

tunnu a pizzitana, composto da ingredienti quali ovviamente tonno, cipolla, uova, passita di zibibbo. Il tutto messo a soffriggere con dell'olio e dell'alloro, subisce poi l'aggiunta di sale e di un po' d'aceto.[116]

Un altro piatto tipico è la *trippa i tunnu*, come ricorda ancora Pacifico: «Dopo aver pulito accuratamente la trippa direttamente sulla spiaggia, con acqua di mare, mettetela a bollire; a fine cottura, tagliatela a pezzi e fatela rosolare con olio, aglio e peperoncino, bagnate con aceto. Quando è ben dorata,

---

[116]M. Pacifico, *Friji e mbucca*, Vibo Marina, FAGRAF dei F.lli Froggio, 2001, p. 20.

versate la salsa di pomodoro e continuate la cottura a fuoco lento. Servite caldo».[117]

Una ricetta semplice è, invece, *spaghetti cu tunnu* composta da ingredienti quali tonno e polpa di pomodoro. Il tutto è messo a soffriggere con dell'olio e dell'aglio, con l'aggiunta di sale e prezzemolo sminuzzato.[118]

La ricetta più particolare è quella del tonno fritto ovvero *a San Pietro, 'a fritta*, così chiamato perché il giorno di San Pietro in tutte le case dei tonnaroti era in uso mangiare appunto il tonno fritto (*'a fritta*).

---

[117] *Ibidem*, p. 21.
[118] *Ibidem*, p. 22.

Il primo esperimento di lavorazione ed esportazione del tonno con aceto e sale, risale al 1817. Nelle tonnare di corsa soleva essere preparata *'a fritta*. Essa consisteva nel friggere, in grandi caldaie di rame, il tonno fatto a fette. Successivamente asciugato su graticci di canne, veniva conservato in barili con aceto e sale.

Questa presenza del tonno fritto è attestata anche da un documento del 1817: l'atto notarile pubblicato dal prof. Antonio Montesanti testimonia che «Questa fritta è molto gradita in Roma e ciascuno dei romani si pregia di averne alla sua mensa nel giorno di San Pietro».[119]

Conclusioni

La Calabria è una regione con una cultura montanara più che marinara. La pesca non era molto praticata per la mancanza di porti ed era attiva solo in alcuni villaggi, come Parghelia, Scilla. Ciascuna imbarcazione aveva un equipaggio di venticinque marinai che partiva in ottobre per vendere e acquistare prodotti di vario tipo. Una volta nei porti dell'alto Adriatico, soprattutto Venezia e Trieste, vendevano le loro merci e acquistavano prodotti importati, specialmente dalla Germania e dalla Svizzera, che rivendevano in

Puglia e in Calabria. Molti di questi marinai alla pesca univano anche il contrabbando, attività lucrosa e ben sviluppata grazie alla connivenza delle guardie costiere.

L'attività della pesca era poco sviluppata perché risultava difficile smerciare il pesce fresco in quanto il trasporto richiedeva molto tempo. Si mangiava pesce quando la distanza lo permetteva. Il mare era ricco di acciughe e sarde ma il sale fossile, ottimo per salare le carni, non era adatto per conservarle. La carenza e il costo eccessivo del sale rappresentavano un serio problema. A Crotone, ad esempio, quando la pesca dei tonni era abbondante, molti pesci erano bruciati o ributtati in mare perché era impossibile salarli o venderli.

A Pizzo, tra aprile e giugno, si pescava soprattutto il tonno con un complesso sistema di reti detto "pedale", un lavoro durissimo che impegnava i marinai più forti e coraggiosi. La suddivisione delle mansioni nella tonnara era perfetta, segno di un'organizzazione e gerarchizzazione del lavoro sperimentata nel corso dei secoli.

Da molti anni la tonnara di Pizzo non è più attiva, l'ultimo grido del *ràis* si è levato nel

1963. Le tonnare volanti giapponesi e i moderni pescherecci hanno soppiantato le tonnare tradizionali e gli stessi tonni hanno scelto altre rotte. La maggior parte dei pescatori sono emigrati, hanno scelto altri lavori o hanno aperto piccole pescherie. La pesca dei tonni era molto costosa e richiedeva rilevanti investimenti: 550 ancore da 5 o 6 quintali cadauna, 1.000 quintali di rete, 60 chilometri di cavi, 200 barili da usare come galleggianti e 135 tonnellate di sughero.

La pesca industriale, l'appertizzazione e l'industria conserviera, in aggiunta all'insaziabile ricerca del profitto nella società contemporanea, hanno creato il meccanismo economico responsabile dell'indiscriminato saccheggio di quella che purtroppo è diventata solo una commodity spersonalizzata, una risorsa da sfruttare, una fonte di proteine di facile accesso e consumo, un cibo economico o di tendenza completamente snaturato dalla sua originale nobile forma.

Le industrie del tonno di Callipo e Sardanelli operano non più a Pizzo ma nel Vibonese e utilizzano pesci che provengono da ogni parte del mondo. A Pizzo le spiagge di fronte alle quali veniva calato il *pedale* sono divenute luoghi per alberghi o ristoranti ma la comunità sente il bisogno di ricordare quella pesca. Nel paese è stato allestito un museo del tonno in cui si ricostruiscono tutte le fasi della pesca sino al momento in cui erano convogliati nella camera della morte e dove avveniva la mattanza. A ricordare le tonnare di Pizzo recentemente è anche l'opera *Tredicimila tunnidi* rappresentata da una compagnia di attori pizzitani. Il protagonista della commedia è il *ràis* Raffaele Ventura e la sua figura si intreccia con i rapporti produttivi ed economici della vita pizzitana del tempo, in particolare con l'ambiente marinaro e i suoi lavoratori. Il rais viene ritenuto responsabile del mancato passaggio dei tonni e imprigionato ma viene liberato quando i pesci arrivano e si ha un'abbondante pesca, tredicimila tonni. Il proprietario della tonnara riacquista fiducia nell'impresa e, tutta la popolazione, direttamente o indirettamente, può godere dell'abbondanza del pescato. L'allegria per il felice esito fa dimenticare, al capo della tonnara e alla sua famiglia, le amarezze del carcere.

La comunità ricorda la tradizione del tonno attraverso la gastronomia pizzitana con piatti tipici e in particolare il tonno fritto. Oggi, il tonno viene cucinato in vari modi: bollito,

grigliato, in padella, al forno o al vapore,
marinato usando limone o aceto, olio, e aromi
a piacere (aglio o cipolla, alloro, rosmarino).
A Pizzo, sorprendente è l'insolito
abbinamento di ingredienti e colori come il
tonno fresco in millefoglie con peperoni,
il tonno con arance, finocchi e mandorle,
oppure filetti di tonno in crosta di patate.
Perfetto soprattutto in gustosi primi tipici di
Pizzo come i *fileja* con cipolla rossa di
Tropea, con *n'duja* di Spilinga, con pomodori
secchi, con carciofi, con basilico fresco.
Ricette ricercate legate alla tradizione
mediterranea e, in particolare, calabrese di

Pizzo; ad esempio sono tipici: gli antipasti di involtini al tonno e ricotta o verdure; involtini di baccalà e di calamari farciti di tonno; frittelle o polpette di tonno e olive o tonno e zucca. Infine, la ricetta classica è la tartare di tonno.

Con la chiusura della tonnara, è tramontato un mestiere, una fonte di ricchezza ma soprattutto una cultura che legava l'uomo alla natura e alla divinità, tra il magico e il religioso.

Appendice

1. Pizzo marina.

2. Il porto di Pizzo marina.

3. La Seggiola di Pizzo.

4. Schema della tonnara.

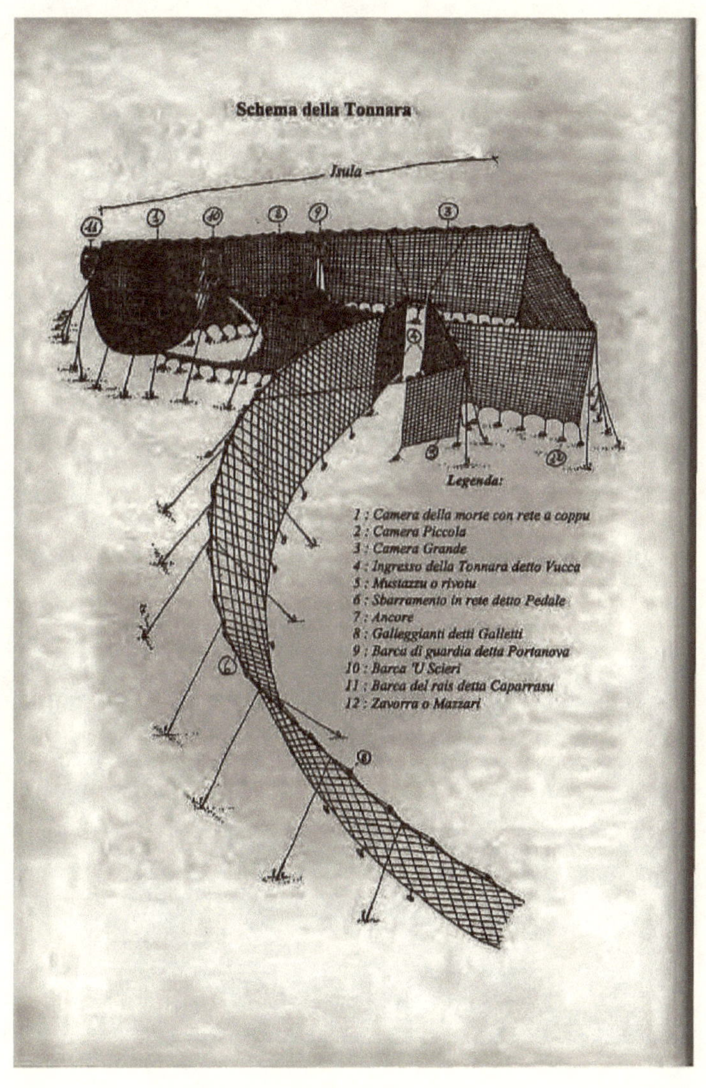

5. La tonnara.

6. La "levata".

7. I tonnaroti sollevano la camera della morte.

8. La mattanza.

9. La mattanza.

10. La mattanza.

11. Sventramento dei tonni.

12. Tonni appesi e portati lungo la scivola.

13. Stabilimento della tonnara di Pizzo marina.

14. Lavorazione del tonno nello stabilimento Callipo.

15. Bollitura delle trance di tonno.

Bibliografia

– AA.VV., *Le tonnare di Pizzo*, Qualecultura-Jaka Book, Soveria Mannelli, 1991.

– Aliffi - E. Gemelli, *Mastri d'ascia e calafati, la costruzione delle barche*, Sfameni, Messina, 1991.

– Aristotele, *De mirabilibus ascultationibus*, Pordenone-Padova, Edizioni Studio Tesi, 1997.

– Ateneo Naucrati, *I deipnosofisti: i dotti a banchetto*, vol. II, Roma, Salerno, 2001.

– Basile Gaetano, *Tonnare Indietro nel tempo*, Palermo, Flaccovio Dario, 2012.

– Bertolotti Davide, *L'Italia descritta e dipinta*, Giuseppe Pomba e C., Torino, 1838.

– Centola Bruno, *Le Città del Mare*, Cava dei Tirreni, Avagliano, 1999.

– Cervio M. Vincenzo, *Il trinciante*, Vicenza, Biblioteca internazionale La Vigna, 2009.

– Chapusot Francesco, *la cucina sana, economica ed elegante*, Torino, Favale, 1846.

– Cortese Franco, *Genesi e progenie della città di Pizzo*, Brenner, Cosenza, 1981.

– Cortese Franco, *La Tonnara*, Qualecultura-Jaca Book, Soveria Mannelli, 1991.

– D'Amico Francesco Carlo, *Osservazioni pratiche intorno la pesca, corso e cammino de'tonni,* Messina, Società Tipografica, 1816.

– Donato David, *La fine di un'epoca e di un'epopea*, Qualecultura-Jaka Book, Soveria Mannelli, 1991.

– Griselini Francesco, *Dizionario delle arti e dei mestieri*, Fenzo, Venezia, 1769.

– Landi Giulio, *Favole di Esopo frigio colla vita del medesimo*, F. Andreola, Venezia, 1545.

– Li Greci Francesco – Berdar Adolfo – Riccobono Franz, *Mattanza, le tonnare messinesi scomparse*, Ed. G.M.B., Messina, 1991.

– Li Vigni V. P. e Tusa Sebastiano, *Il lavoro del mare lo Stabilimento Florio di Favignana*, Regione Siciliana, Trapani, 2003.

– Lippi Guidi Annalena, *Tonnare e tonnaroti e malfaraggi della Sicilia Sud-orientale*, Zangara, Siracusa, 1993.

– Marchiori Antonia, *Ateneo il pesce e il formaggio*, in *In principio era il mare Economia, cultura, tradizioni*, S.A.R.G.O.N. Editrice e Libreria, Padova, 2003, pp. 141-149.

– Mastromarco Giuseppe, *La pesca del tonno nella Grecia antica: dalla realtà quotidiana alla metafora poetica*, S.A.R.G.O.N. Editrice e Libreria, Padova, 2003, pp.117-123.

– Montesanti Antonio, *Le tonnare di Bivona, i resti di una cultura del mare*, Officine Grafiche Garrì, Sciconi di Briatico, 1994.

– Namidio, *Favole aneddoti e novelle*, dalla stamperia di Arcangelo Sartori e figlio, Ancona, 1798.

– Nascia Carlo, *Li quattro banchetti destinati per le quattro stagioni dell'anno*, Bologna: Li Causi, 1982.

– Ottolenghi Francesca, e Cerasi Sandro, *Il Tonno Rosso nel Mediterraneo*, Unimar, Roma, 2008.

- Pacifico Mimmo, *I pescatori di Pizzo, storia, usi, tradizioni*, Officine Grafiche Garrì, Sciconi di Briatico, 1994.

- Pacifico Mimmo e Sara, *Friji e mbucca*, FAGRAF dei F.lli Froggio, Vibo Marina, 2001.

- Pisanelli Baldassarre, *Trattato della natura de' cibi et del bere*, Venezia, Alberti, 1586.

- *Ricci Piero, Stare al segno: ovvero la graziosa gestualità del trinciante, in Etiquette&Politesse, Clermont-Ferrand, Università di Blaise-Pascal, 1992.*

- Rossetti Gian Battista, *Dello Scalco*, Domenico Mammarello, Firenze, 1584.

- Scappi Bartolomeo, *L'Opera: dell'arte del cucinare*, Venezia, appresso Michele Tramezzino, 1570.

- Sevoulle Giovanni, *Pensieri intorno ai prodotti del suolo e dell'industria*, Gio Battista Seguin, Napoli, 1834.

- Sisci Rocco, *Le barche tradizionali in Sicilia*, Sfameri, Messina, 1991.

- Sole Giovanni, *La foglia di alisier: Calabria e calabresi nei diari di viaggio*, Rubbettino, Soveria Mannelli, 2012.

– Sorbello Salvo, *La pesca del tonno nel capolinea del sud, le tonnare di Vendicari, Marzamemi e Capo Passero*, Emanuele Romeo, Siracusa, 2010.

– Stefani Bartolomeo, *L'arte di ben cucinare*, Sala Bolognese, Forni, stampa 1983.

– Torre Silvio, *Le magie del tonno. La lunga avventura del pesce che dal mare finì sott'olio*, Marsilio, Venezia, 1999.